HOLGER RUNNE

GESCHICHTE DER AMTSVOGTEI

VON DEN ANFÄNGEN BIS ZUR AUFLÖSUNG 1795

S P U R E N   2

SCHRIFTENREIHE ZUR GESCHICHTE BIENENBÜTTELS
UND SEINER ORTSTEILE

BIENENBÜTTEL 2005

Impressum

Copyright 2005 by Gemeinde Bienenbüttel
Alle Rechte vorbehalten

Redaktion: Arbeitskreis Geschichte Bienenbüttel

Konzept, Fotos und Layout: Dr. Klaus Wedekind, Gemeindearchivar

Herstellung und Verlag: Books on Demand GmbH, Norderstedt

ISBN: 3 – 8334 – 2925 - 9

Vorwort

Innerhalb der Schriftenreihe „Spuren" sollen mit dem hier vorgelegten Band das Entstehen und die Aufgaben der einst in Bienenbüttel eingerichteten Amtsvogtei dargestellt werden. Die Tätigkeit des in Bienenbüttel auf dem Vogteihof wohnenden Vogts wirkte sich dazu auf das tägliche Leben der Bewohner unserer Gegend aus, wie dies an aufgeführten Beispielen zu erkennen ist.

Über die für den Ort und seine Umgebung wichtige Institution einer Amtsvogtei als Teil der Verwaltung des damaligen Fürstentums Lüneburg finden sich in bisherigen Veröffentlichungen nur vereinzelt Hinweise. Daher will diese Schrift unter Einbeziehung von Unterlagen, die sich verstreut in verschiedenen Archiven befinden, eine zusammengefasste Darstellung erreichen. Ein Anspruch auf Vollständigkeit kann und soll nicht erhoben werden, da bisher lediglich die wichtigsten Archivmaterialien eingesehen werden konnten.

Den Damen und Herren des Niedersächsischen Hauptstaatsarchivs in Hannover und Pattensen gilt der Dank für die Bereitstellung der dort befindlichen Unterlagen. Weiter sei den Damen des Stadtarchivs Lüneburg, besonders Frau Stadtarchivarin Dr. Uta Reinhardt, für die stets prompte Erfüllung der vorgetragenen Einsichtswünsche gedankt.

Einige Archivunterlagen enthalten Hinweise, dass Bienenbüttel auch nach 1795 noch eine wichtige Rolle in der staatlichen Verwaltung spielte. Dies soll – besonders für die Jahre 1807 bis 1813 – noch in einem weiteren Band der „Spuren" aufgearbeitet werden.

Bienenbüttel, im September 2005.

Inhaltsangabe

Entstehung der Amtsvogtei

Bereits alte Dokumente enthalten Hinweise auf Verwaltungsstrukturen im Bienenbütteler Raum.

Der Ortsname Bienenbüttel in einer der heutigen Schreibweise angenäherten Form erscheint erstmals in urkundlichen Vorgängen des 13. Jahrhunderts. In einer Urkunde vom 14. August 1238 (1) wird als Bezeichnung „Bienenb.~" angeführt, 1252 dann in der Auflistung der Tafelgüter des Verdener Bischofs (2) „Binebutle" – so auch im Jahre 1288 (1). In den folgenden Jahrhunderten sind viele Abwandlungen festzustellen wie z.B. 1307 (1) als „Bynenbuttele", 1310 (1) mit „Bynebutle" oder 1314 (3) als „Binenbutle". Es kommt sogar vor, dass in einer Urkunde bis zu drei Variationen des Namens auftreten.

Interessant sind die Urkunden von 1238 und vom 10. November 1310, da sie einen nahezu gleichlautenden Inhalt aufweisen. Dokumentiert wird, dass der damals in Lüneburg residierende Herzog dem dortigen Kloster St. Michaelis alle Rechte einschließlich der Ausübung der Gerichtsbarkeit über diejenigen Hofstellen einräumt, die das Kloster in verschiedenen Orten bereits besitzt, darunter in Bienenbüttel, Vastorf („Vastorpe") und Rieste (1238: „Ristede", 1310: „Ryste"). Ferner sind ihnen Hinweise für bereits bestehende Strukturen einer „staatlichen" Verwaltung zu entnehmen. Mit der Formulierung „Advocatiam tenet et Vogedye dicitur vulgariter" – also die Advokatie umfasst und gewöhnlich Vogedye genannt wurde - wird 1238 der Begriff „Vogtei" erwähnt, und das ist recht ungewöhnlich. Zu bedenken ist jedoch, dass regelmäßig damit nicht die spätere – staatliche – Einrichtung einer „Verwaltungs"- Vogtei gemeint ist. Vielmehr handelt es sich darum, durch eine bereits vorhandene Gerichtsorganisation die Rechtsprechung auszuüben, die bisher dem Herzog vorbehalten war und nun auf das Kloster St. Michaelis überging.

Ausdrücklich nicht mit übertragen wurde die Gerichtsbarkeit über die gewöhnlichen Handelsstraßen, auf denen also Kaufleute mit ihren Fuhrwerken verkehrten. Diese Einschränkung darf nicht verwundern. Einem Landesherrn stand die Gerichtsbarkeit über Handels- und sonstige Fernverbindungen wie den Heerstraßen nicht zu. Über diese Verbindungswege übte er sie lediglich stellvertretend für den Kaiser aus. Schon im Jahre 828 hatte Kaiser Ludwig der Fromme die Kaufleute unter seinen besonderen Schutz genommen, und in den folgenden Jahrhunderten überwachte die Reichsgewalt die Einhaltung des Rechtsfriedens auf den Straßen. Sichere Fernverbindungen waren damals lebenswichtig; der deutsche Kaiser kannte im Mittelalter keine ständige Residenz, sondern zog mit seinem Gefolge von Pfalz zu Pfalz, um die Angelegenheiten der staatlichen Verwaltung zu regeln. Aber auch die Handelsstädte und vor allem die umherziehenden Kaufleute waren an einem ungestörten Handel interessiert, der ihnen eine wirtschaftliche Entwicklung ermöglichte.

Die von der Übertragung ausgenommene Straßengerichtsbarkeit lässt aber auf Ansätze für eine über die engere Region hinausgreifende Verwaltung schließen.

Dazu enthält die Urkunde von 1310 weitere Hinweise, dass auf der Lüneburger Burg gewisse Strukturen einer Verwaltung vorhanden waren. In ihr werden „castellanis, Advocatis, Scribis secretis, prefectis" erwähnt – also Burgverwalter, Gerichtsherren (Richter), Geheimschreiber und Vögte. Der genaue Aufgabenbereich dieser Genannten ist jedoch nicht zu ermitteln.

Bis in das späte Mittelalter wurde eine staatlich organisierte Verwaltung für nur wenige Aufgaben benötigt, etwa für die Rechtsprechung und das Wehrwesen sowie weitere, vor allem das Reich betreffende Angelegenheiten. Die Durchführung dieser Verwaltungsaufgaben war schon früh auf die Herzöge übertragen worden, die dann als Vertreter des Kaisers auftraten. Im Übrigen stand der Herzog seinem Herrschaftsbereich vor, ließ die entsprechenden Steuern und Abgaben einziehen, führte in Kriegszeiten das Aufgebot an und war Gerichtsherr der herzoglich – staatlichen Gewalt, in späterer Zeit auch regelmäßig höchste Instanz der Land- und oft der städtischen Gerichte.

Die wichtigste Stellung des Herzogs – wie des sonstigen Adels und der Kirche auch – war die eines Grundherren über seine Bauern und Siedler (Colonen). Als Eigentümer des ihm gehörigen Besitzes zog er die Grund- und sonstigen Abgaben ein und übte die Rechtsprechung aus. Die Grund- herrschaft hatte sich im Zuge der gesellschaftlichen Feudalordnung, allgemein bekannt durch die „Lehnspyramide", herausgebildet. Sie be- deutete – im Gegensatz zum heutigen Eigentum an Grund und Boden als reine Sachherrschaft – neben dem Recht am Grund oft auch die Herrschaft über die auf diesem Boden lebenden Menschen. Dabei konzentrierte sich die Struktur der feudalen Beziehungen zwischen dem Grundherren und seinen Bauern regelmäßig auf vier Bereiche (4):

1. Der Bauer stand in Abhängigkeit von seinem Grundherren, da er das von ihm bewirtschaftete Land durch Ausleihe entweder zu Erbpacht, auf Lebenszeit oder für eine bestimmte Zahl von Jahren besaß.

2. Der Bauer war mit seinem Grundherren durch eine besondere Schutzherrschaft verbunden, die in einigen Regionen bis zur Leibeigenschaft führen konnte. Auf dieser personenrechtlichen Bindung beruhten die Beschränkungen der bäuerlichen Freizügigkeit und die Verpflichtung zu wirtschaftlichen Dienstleistungen – der Bauer konnte ohne grundherrliche Zustimmung den Hof nicht verlassen und hatte Herrendienste zu verrichten, die nichts mit der Überlassung des bewirtschafteten Landes zu tun hatten.

3. Der Grundherr nahm dazu Hoheitsaufgaben war. Somit stellte er für den Bauern regelmäßig die einzige Instanz in Angelegenheiten der Verwaltung und Rechtsprechung dar.

4. Oft besaß der Grundherr das kirchliche Patronatsrecht. Er hatte also das Recht, eine Kirche zu bauen, zu unterhalten sowie mit einem Pfarrer zu besetzen – und von den Bauern die dafür anfallenden Abgaben nebst Hand- und Spanndiensten abzufordern.

Auch der Herzog war im Gebiet um Bienenbüttel in erster Linie Grundherr. Sein Besitz dürfte auf die im Bardengau maßgebliche Familie der Billunger zurück zu führen sein. Dieses Adelsgeschlecht stand um 900 einem Grund- besitz vor, der im Norden von der Elbe bis an den Lüß – Wald im Süden reichte, während im Westen die Grenze im Bereich der Böhme zu suchen ist. Die Waldgürtel der Göhrde und des Drawehn bildeten dann im Osten eine natürliche Begrenzung. Im Wege der Erbteilung ging dieser zunächst geschlossene Besitz auf die Brüder Amelung, Hermann und Wichmann über.

Es kann davon ausgegangen werden, dass Wichmann der Ältere eine komplexe Gütermasse mit dem Zentrum in Wichmannsburg besaß. Nach seinem Tod im Jahre 944 kam nur der größere Teil seines Besitzes an seine Söhne Wichmann und Eckbert, da sein Bruder Hermann, der bereits 936 von Kaiser Otto zu dessen Stellvertreter in Sachsen eingesetzt worden war, einigen Grundbesitz an sich brachte. Die Anstrengungen der Erben Wichmanns, auch diesen Grund und Boden zurück zu erhalten, scheiterten in einer Rebellion gegen den Kaiser, sodass sie als Grundherren im Bardengau ausschieden. Die von Wichmann dem Älteren ererbten Güter wurden vielmehr aufgeteilt und den Klöstern St. Michaelis in Lüneburg und Kemnade an der Weser zugewiesen. (5) Kemnade war von den beiden Schwestern Frederuna und Imma, Töchter Wichmanns des Älteren, als Kanonissenstift gegründet und mit auch im Bardengau belegenen Grundbesitz ausgestattet worden. Den damaligen Gepflogenheiten folgend ließ das Kloster Kemnade den in Wichmannsburg und weiteren, benachbarten Orten gelegenen Besitz vom dortigen Haupt- oder Villikationshof aus verwalten. Damit wurden durch einen Klostervogt auch von dort die grundherrlichen Aufgaben wahrgenommen.

Der Einfluss Kemnades ging zurück, nachdem es Heinrich dem Löwen 1146/47 gelungen war, den um Wichmannsburg gelegenen Besitz an sich zu bringen. Er konnte diesen insgesamt zwar nicht halten, doch verblieben ihm auf kaiserliche Anordnung wohl zwölf Dörfer, die offenbar alle im Kirchspiel Bienenbüttel gelegen waren. (6) Fraglich ist, ob zu dieser Zeit bereits eine herzogliche Vogtei entstand. Dennoch kann dieser Eigenbesitz der welfischen Herzöge als Keimzelle der späteren Amtsvogtei angesehen werden.

Um die Wende des 12./13. Jahrhunderts kam es überwiegend zu einer Änderung der Villikationsverfassung. Eine Villikation bezog sich regelmäßig auf eine grundherrliche, um den Haupthof gruppierte autarke Eigenwirtschaft, der mehrere Siedlungen angehörten. Das bisher angewandte Wirtschaftssystem der Meier- oder Haupthöfe umfasste somit einen überschaubaren Verband oft weiträumig verteilter landwirtschaftlicher Flächen. Da ab dem 12. Jahrhundert die Bevölkerung zunahm und deshalb umfangreiche Ackerflächen urbar gemacht werden mussten, dazu die sich entwickelnde Geldwirtschaft als flexibler erkannt wurde und Dörfer als Siedlungsverbund entstanden, wurde das bisherige Verwaltungssystem unrentabel und war zudem den zunehmenden Anforderungen nicht mehr gewachsen. Die Villikationen lösten sich im Zuge des Aufbaues einer neuen Verwaltungsorganisation allmählich auf, wobei häufig die bisherigen Haupthöfe zu Verwaltungsmittelpunkten wurden. (7)

Da auch die „staatlichen" Aufgaben an Umfang zunahmen, schufen die Lüneburger Herzöge im Laufe des 13. Jahrhunderts räumlich zusammen-hängende Verwaltungseinheiten. Im Zentrum der neuen Bezirke stand jeweils eine Burg oder ein Schloss (8), eine Besonderheit im Lüne-burgischen. Bald bürgerte sich für diese neuen Einheiten der Begriff „Vogtei" oder „Burgvogtei" ein. Sie stellten sich als praktischer heraus, da die eingesetzten Vögte herzogliche Bedienstete und oft durch Überlassung von Grund und Boden persönlich vom Landesherrn abhängig waren.

Die Aufhebung des Villikationssystems bedingte auch eine Änderung in der Stellung des Grundherrn zu seinen abhängigen Bauern. Der Landbesitz und die daraus gezogenen Nutzungen blieben zwar weiterhin die wichtigste Einnahmequelle. Das galt auch für den Herzog, der überdies für die Verwaltung noch weitere Einrichtungen außerhalb des Burgbezirkes und der Vogtei benötigte. Diese fand er teils in den Kirchspielen sowie in den Gogerichten, die später vielfach in die Landgerichte übergingen. So ist nachvollziehbar, dass sowohl bei den abzuhaltenden Landgerichten und deren Vorgerichten wie von den Kirchenkanzeln herzogliche Verwaltungs-maßnahmen verkündet wurden, damit die Landbevölkerung davon erfuhr - der Kirchgang sowie für den Hofbesitzer die Teilnahme am Landgericht war Pflicht !
Der Name des Gogerichts darf nicht dazu verleiten, von einer, bereits im frühen Mittelalter bestehenden Einrichtung auszugehen. (9) Sie waren viel-mehr eine Einrichtung des Landesherrn im späten 12. und zu Beginn des 13. Jahrhunderts. Das Gogericht kann auch als Vogteigericht angesehen werden, da regelmäßig ältere, bereits bestehende Rechtseinrichtungen einbezogen

wurden. Dies erklärt, warum alte Rechte der Bevölkerung erkennbar blieben wie die freie Wahl des Richters, die besonders im Lüneburger Gebiet verbreitet war.

Der räumliche Umfang der neuen Verwaltungseinheiten reichte im Allgemeinen aus, die Abgaben zu erheben sowie Aufgaben des Wehrwesens und der Rechtsprechung abzuwickeln. Da bald eine weitere Straffung der Strukturen erforderlich wurde, fasste man mehrere Gogerichte, oft auch Kirchspiele zusammen und teilte sie einer Burgvogtei zu (10), wobei mit der Schaffung der „Veeste" als Untergliederung eine Verbindung zum einzelnen Hofbesitzer gesichert war. Die Gogerichte stellten somit keine von der Vogteibildung abweichende Sonderform dar, da sie grundsätzlich vorhandene, ältere Formen der Verwaltung umgestalteten und in die neuen Einrichtungen einbezogen. So konnten sie in neugeschaffenen Vogteien aufgehen, vor allem dann, wenn diese um Burgen angelegt wurden, doch konnten sie selbst Basis einer neuen Gebietseinheit werden. Somit entstand um die Wende des 12./13. Jahrhunderts erstmals eine flächenmäßig umgrenzte Verwaltungseinheit, in der die Herrschaftsrechte des Landesfürsten zusammengefasst wurden. Für sie wurde der Begriff „districtus" (Bezirk) gebräuchlich, daneben oft auch „advocatia" (hier: Vogtei).

Die Gogerichte hatten über Freie und Unfreie zu richten und dienten ferner der „staatlichen" Verwaltung: Aufgebot der folgepflichtigen Bevölkerung, Verteidigungsorganisation bis hin zur Unterhaltung von Wehranlagen – das waren besonders für den Landesherrn die entscheidenden Neuerungen. Dabei darf jedoch nicht übersehen werden, dass die neuen räumlichen Bezirke besonders vom Umfang der zu erzielenden Einkünfte gestaltet waren. Gleichwohl, ob Gogerichte, Vogteien und später Ämter gebildet wurden, ging es darum, Rechte in ihrem Geldwert ausdrücken zu können, um so eine Basis bei Erbteilungen, aber auch bei Verkauf oder Verpfändung zu haben. Auch griffen die neuen Einheiten nicht in die Struktur der bisherigen Personenverbände ein. Der Herzog übertrug das Amt einer ihm verpflichteten Person im Verständnis von Gabe und Gegenleistung. Somit war der Vogt, später der Amtmann, nicht gegenüber einem „Staat" verantwortlich, sondern persönlicher Stellvertreter des Herzogs. Für diesen hatte er die Herrschaftsrechte wie bei der Gerichtsbarkeit wahrzunehmen, die

Geld- und Naturalabgaben zu erheben und Beden einzutreiben. Dadurch ergibt sich auch die Bedeutung der Burg oder eines Amtshofes: hier waren die Hand- und Spanndienste der Bauern zu leisten und die Abgaben abzuliefern. Beide waren somit das Zentrum einer vom Herzog abhängigen Eigenwirtschaft, die ein eingesetzter – nicht belehnter – Vogt bzw. Amtmann nutzen durfte. So ist zu verstehen, wie eng eine Burg mit der Bildung der Vogteien und später der Ämter zusammenhing.

Solange der Herzog in Lüneburg seinen Sitz hatte und damit die Aufgaben einer Burgvogtei von dort aus durchgeführt werden konnten, bestand kaum ein Bedürfnis für eine eigenständige Rolle einer unterstellten Vogtei in Bienenbüttel – zumal für 1318 eine „vogedie to luneburg edher to winsen", also eine Vogtei zu Lüneburg oder zu Winsen, bekannt ist. Das änderte sich, als der Herzog im Verlauf des Lüneburger Erbfolgekrieges nach 1371 seine ständige Residenz in Celle nahm. Der wachsenden Macht Lüneburgs zu begegnen, bauten die welfischen Herzöge ihr Schloss in Winsen/Luhe zu einem starken Stützpunkt aus. Die Verlagerung der herzoglichen Gewalt nach Celle und Winsen zog es nach sich, dass dann eine in Bienenbüttel eingerichtete Vogtei – offenbar aus räumlichen Gründen – dem Schloss Winsen zugeordnet wurde.

Gegen Ende des 14. Jahrhunderts erlangte diese Vogtei eine gewisse Bedeutung. Nachdem die welfischen Herzöge in der Schlacht bei Winsen/Aller im Jahre 1388 zwar ihre Position im Lüneburgischen festigen konnten, finanziell jedoch weiterhin von der Stadt Lüneburg abhängig blieben, mussten sie auf die Vorstellungen deren Ratsherren eingehen. Es kam daher 1392 zum Abschluss der „Sate", eines Vertrages zur Sicherung des Landfriedens. Dieser enthielt jedoch Einschränkungen der herrschaftlichen Rechte. Verstöße gegen die Vereinbarung wurden von einem Ausschuss verfolgt. Vorgesehen waren hierfür alljährlich zwei „Satetage", die in Lüneburg und Hannover stattfinden sollten. Bereits Mitte 1393 kam es zu einer Abweichung, da ein „thu Bynebuttele" vereinbarter Gerichtstag vorgesehen war. (11) In der Folgezeit wurden 1394/95 mehrere Verhandlungstage in Bienenbüttel abgehalten, offenbar auf dem Vogteihof. Im Frühjahr 1396 kam es dann zu einem letzten Gerichtstag in Bienenbüttel, bevor die Celler Herzöge im April 1396 die „Sate" aufkündigten.

Die Entwicklung im 14. Jahrhundert zeigt, dass im Fürstentum Lüneburg nun eine feste, räumliche Einteilung der Verwaltungsstrukturen erreicht worden war. Das herzogliche Schloss in Winsen an der Luhe erlangte bald die Stellung einer Großvogtei, der sechs Unterbezirke angegliedert waren: die Vogtei Neuland und die Marschvogtei als Hausvogtei im Bereich der Elbe, dazu die Vogteien Pattensen, Amelinghausen, Bienenbüttel und die Acht Ramelsloh, während die spätere Vogtei Garlstorf (am Walde) zunächst eigenen Goherren unterstand. (12) Die Vogtei Bienenbüttel besaß zwar eine gewisse Bedeutung, doch kam es nicht zu einer größeren Selbständigkeit; für 1474 wird dann von einer, vom Winsener Schloss abhängigen „knechtevogedie to Binenbuttell" gesprochen. (13)

Nachdem im Laufe des 15. Jahrhunderts die Anfänge des räumlich geschlossenen Territorialstaates geschaffen wurden, kam es nach der Einführung der Reformation im Fürstentum Lüneburg zu einer wesentlichen Straffung der herzoglichen Verwaltung. Der Landesherr ließ den kirchlichen Grundbesitz säkularisieren und als Verwaltungseinheiten die Ämter schaffen. In Celle entstand mit der Hofkanzlei eine zentrale Verwaltungsbehörde, der die Ämter unterstellt waren. Diese wurden vorerst nach den alten Goen und Vogteien in kleinere Einheiten als Eingangsinstanz untergliedert, wobei sich für die Vogteien bald die Bezeichnung „Amtsvogtei" durchsetzte.
Bienenbüttel blieb dem Amt Winsen an der Luhe zugeordnet, dem zweitgrößten nach Celle unter den 29 Ämtern des Fürstentums Lüneburg. Eine Änderung dieser Zuordnung trat bis zur Aufhebung der Amtsvogtei Bienenbüttel im Jahre 1794/95 nicht ein.

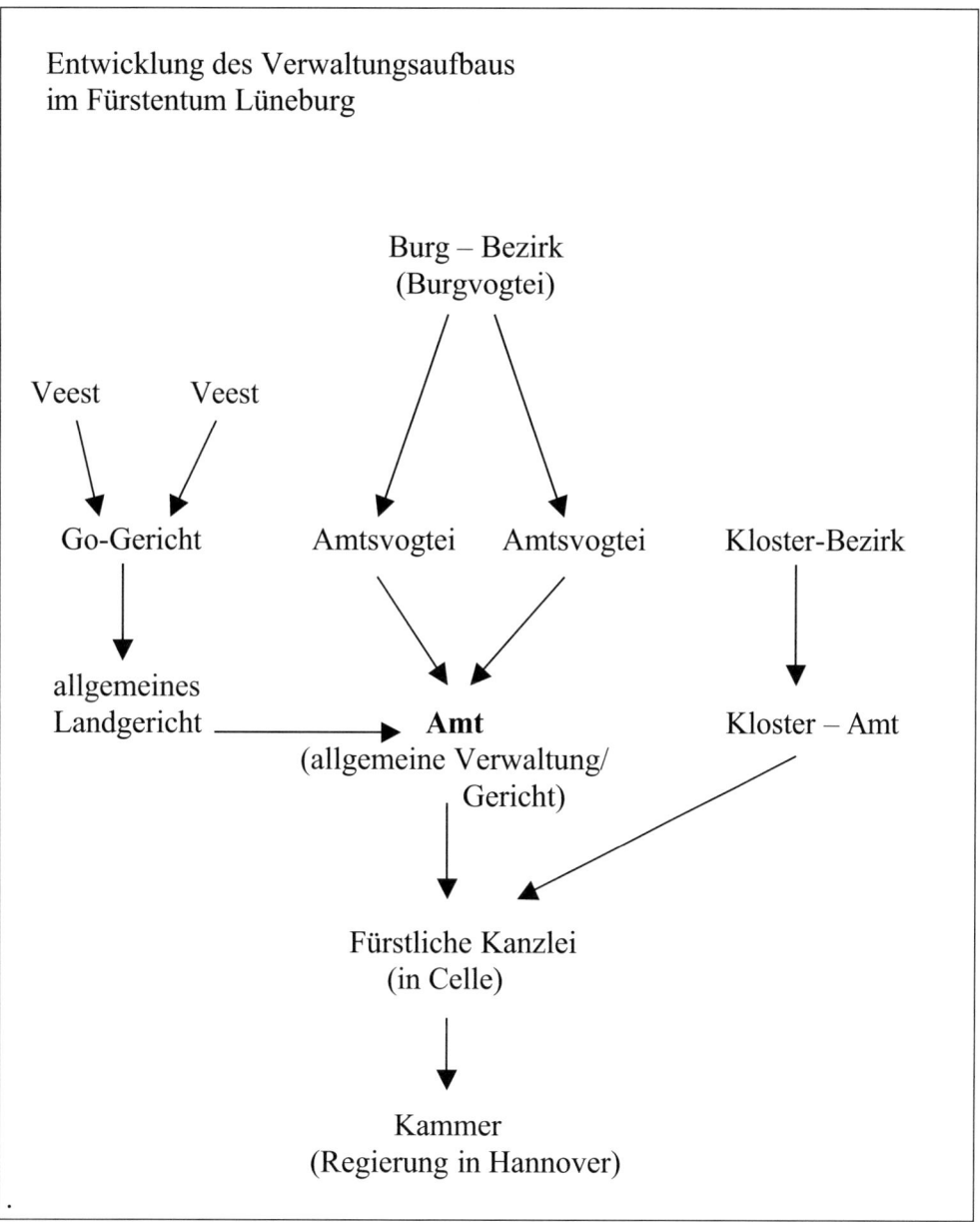

Entwicklung des Verwaltungsaufbaus
im Fürstentum Lüneburg

Burg – Bezirk
(Burgvogtei)

Veest   Veest

Go-Gericht   Amtsvogtei   Amtsvogtei   Kloster-Bezirk

allgemeines
Landgericht   **Amt**   Kloster – Amt
(allgemeine Verwaltung/
Gericht)

Fürstliche Kanzlei
(in Celle)

Kammer
(Regierung in Hannover)

Anmerkungen:

(1) - Lüneburger Urkundenbuch, 7. Abt., Archiv des Klosters St. Michaelis zu
     Lüneburg (Celle/Hannover – 1861-1870) – UB Michaelis
     Urkunde von 1238 – Nr. 50; v. Hammerstein vermerkt (s. Anm. 5), dass diese
                    Urkunde gefälscht sein könnte
     Urkunde von 1288 – Nr. 133
     Urkunde von 1307 – Nr. 1000 – Transsumpt in einer Urkunde von 1423
     Urkunde von 1310 – Nr. 214

(2) Urkundenbuch der Bischöfe und des Domkapitels von Verden   (Verdener
     Urkundenbuch, 1. Abt.), Bd. 1, bearbeitet von A. Mindermann (Stade, 2001)
     – UB Verden Bischöfe – Nr. 433

(3) Urkundenbuch zur Geschichte der Herzöge von Braunschweig und Lüneburg und
     ihrer Lande, hrsg. von H. Sudendorf (Hannover/Göttingen – 1859 – 1883)
     – UB Sudendorf – Nr. 238

(4) W. Siemann: Vom Staatenbund zum Nationalstaat – Deutschland 1806 – 1871
     (Büchergilde Gutenberg, 1995) – S. 120 ff.

(5) Frhr. v. Hammerstein: Der Bardengau (Hannover, 1869) – S. 98

(6) W. Koptik: Gemeindechronik Bienenbüttel (1967) – S. 29 – 31

(7) E. Michael: Amelinghausen 1293 bis 1993 – 700 Jahre und mehr
     – in: „Damals" 4. Heimatbuch (Husum, 2001) – S. 97 ff.

(8) B. Hense u.a.: Chronik Amelinghausen 1293 – 1993 (1992) – S. 57

(9) E. Schubert in: Geschichte Niedersachsens – Bd. 2,1 (1977),
     hier: Herrschaftsstrukturen – S. 593 ff.

(10) M. Krieg: Die Entstehung und Entwicklung der Amtsbezirke im ehemaligen
     Fürstentum Lüneburg (Göttingen, 1922) – S. 93

(11) H. Runne: Vor 600 Jahren – Mord und Raub in Varendorf, Gerichtstage in
     Bienenbüttel – in: „Heidewanderer", Beilage der Allgem. Zeitung Uelzen (1994
     S. 105)

(12) H.J. Behr: Die Pfandschloßpolitik der Stadt Lüneburg im 15. und 16. Jahrhundert
     (Lüneburg, 1964) – S. 104 – 106

(13) wie Anm. 10, hier: S. 21

Aufgaben einer Amtsvogtei

Im Zuge der Entwicklung und des Aufbaus einer staatlichen Verwaltung wurden auch die Aufgaben eines Amtes festgelegt.

Im Fürstentum Lüneburg stellten die Ämter für zwei Bereiche jeweils die erste Instanz dar: als allgemeine Verwaltungsbehörde und für die Gerichtsbarkeit, wobei der Amtmann in beiden Bereichen tätig wurde. Als Besonderheit kam die weiterhin zu erledigende Verwaltung des herzoglichen Grundbesitzes hinzu – die sogenannte Dominalverwaltung.

Einer Aufzählung aus dem Jahre 1754 (1) sind die Befugnisse und Aufgaben eines Amtes zu entnehmen: das Amt – und damit auch die unterstellte „Amts = Voigtey" - hatte die allgemeinen Steuern und die Abgaben auf das Domänenland, d.h. vom herzoglichen Grundbesitz, sowie den „Brau = Werken" (Brauhäusern) und „Salz = Kothen" (Siedehäusern der Salinen) wie auch von sonstigen herrschaftlichen Gebäuden und die unterschiedlichen Zehnten, Meiergefälle, Dienste u.a.m. einzuziehen. Daneben war die Aufsicht über die Forsten und Jagdgebiete auszuüben und die Geschäfte in „Policey =, Einquartirungs = und Justitz = Sachen" wahrzunehmen. Hierbei handelte es sich – nach heutiger Auffassung – um Ordnungswidrigkeiten und Bagatellstrafsachen, um die Unterbringung der Soldaten, die damals nicht kaserniert waren, und die Ausübung der Rechtspflege. Dazu kamen noch Schul- und Kirchenangelegenheiten, soweit diese nicht in die Zuständigkeit des Konsistoriums fielen.

Eine wichtige Aufgabe war die Erhebung der Kontribution auf dem platten Lande - in den einem Amt unterstehenden Städten des Licents - als Beitrag zur Unterhaltung des im Laufe des 30jährigen Krieges errichteten stehenden Heeres. Auch musste die Ableistung der den Untertanen auferlegten Hand-

und Spanndienste sowie die Ablieferung des Naturalzehnten überwacht werden, sofern der Pflichtige nicht einen Ausgleich durch Geldzahlung vornahm. Zu den Spanndiensten – also Arbeiten, die vom pflichtigen Bauern mit seinem Pferdegespann zu erledigen waren – zählten besonders die Kriegerfuhren und die „Zehntfuhren". Zu letzteren mussten z.B. die betroffenen Bauern, die der Aufsicht der Amtsvogtei Bienenbüttel unterstanden, aus Dörfern der um Munster gelegenen Heidmark den an das Amt Scharnebeck (bei Lüneburg) zu liefernden Getreidezehnten bis nach Radbruch – kurz vor Winsen/Luhe gelegen – in die dortige Zehntscheune fahren.(2) Der Bienenbütteler Amtsvogt hatte diese Fuhren zu überwachen – welch ein Aufwand für die pflichtigen Bauern, aber auch für den Vogt.

Lästig waren vor allem die Kriegerfuhren: der Bauer musste für Bedürfnisse des Militärs die Fuhren durchführen und war daher oft vom Hof abwesend, sodass hier seine Arbeitskraft fehlte.

Daneben fiel dem Bienenbütteler Amtsvogt besonders die Aufgabe zu, begangene Straftaten zu ermitteln und aufzuklären; die Aburteilung nahm dann der Amtmann vor. Der Vogt hatte jedoch dann dafür zu sorgen, dass die Gerichtsbrüche – also die Geldstrafen, aber auch die Gebühren für das Verfahren – eingezogen wurden.

Die Ausübung des Gerichts in Bienenbüttel stellte die wichtigste Aufgabe für das Amt und damit für die Amtsvogtei dar. Da um Bienenbüttel zahlreicher Grundbesitz des Herzogs belegen war, ist die damit verbundene Gerichtsbarkeit letztlich auf alten billungischen Besitz zurück zu führen. (3) Nach den Urkunden von 1238 und 1310 tritt ja der Herzog dem Kloster St. Michaelis die noch bei ihm verbliebene Gerichtsbarkeit nur für diejenigen Höfe ab, die bereits im Besitz des Kloster stehen. Daraus ist zu folgern, dass er die Advocatie über seinen Grundbesitz weiterhin behält. Dies erklärt auch, dass es in der folgenden Zeit keinen räumlich umschlossenen Gerichtsbezirk gibt, die Gerichtsbarkeit somit nicht nur in Orten, sondern auch über einzelne, verstreut in anderen Ämtern liegende Höfe ausgeübt wird.

Gegliedert war in der damaligen Zeit die Rechtspflege in untere, mittlere – auch obere – Gerichte und in das höchste Gericht. Dem Untergericht unterlagen die Bürger einer vom Herzog abhängigen Stadt sowie allgemein die Landbevölkerung. Für Angehörige der Kirche und des Adels sowie herzogliche Bediente gab es besondere Gerichte, daneben noch die eigenständigen Stadt- und Fleckengerichte. Da noch keine räumlich geschlossene Gerichtsbezirke vorhanden waren, handelte es sich bei den Gerichten regelmäßig um sogenannte Streugerichte. Diese waren häufig nur für einige Einwohner und deren Besitzungen eines Ortes zuständig. Oder sie beschränkten sich auf einzelne Zweige der Gerichtsbarkeit und wurden dann als Binnen-, Pfahl-, Zaun-, Dorfs-, Feld- und Straßengericht bezeichnet. (4)

Das Gericht der Amtsvogtei Bienenbüttel umfasste:

I.) Die besondere Gerichtsbarkeit über die Heerstraßen, nicht nur für die durch Bienenbüttel führende. Vielmehr erstreckte sich der Wirkungskreis der Amtsvogtei auf die von Lüneburg nach Süden und Osten ausgehenden Straßen, nämlich
1) die über Neetze bis Brackede verlaufend, das als Elbübergang nach Boizenburg angefahren wurde;
2) ab Neetze bis nach Bleckede, wo vor diesem Ort eine Verbindung nach Brackede führte;
3) in östlicher Richtung, wobei diese Straße einige Kilometer vor Dahlenburg abzweigte, nördlich an diesem Ort vorbeiführte und bis Darchau an der Elbe verlief;
4) für die sogen. Dannenberger Heerstraße bis an die Bachbrücke vor Dahlenburg sowie jenseits des Orts von der Neetzebrücke bis zum Seißelberg bei Nieperfitz;
5) auf der nach Südosten abgehenden Salzwedeler Straße bis kurz hinter Vastorf;
6) von Lüneburg nach Uelzen über Deutsch Evern – Dieksbeck – Bienenbüttel – Barum bis an den Ahrbeck westlich von Emmendorf;
7) auf der Braunschweiger Heerstraße, die über Ebstorf verlief, bis an die Brücke in Gerdau;
8) auf der Celler Heerstraße bis Tellmer bzw. eine Abzweigung auf Hillersbüttel und endlich
9) für Teilbereiche der Heerstraßen in den Ämtern Ebstorf und Munster bzw. Soltau.

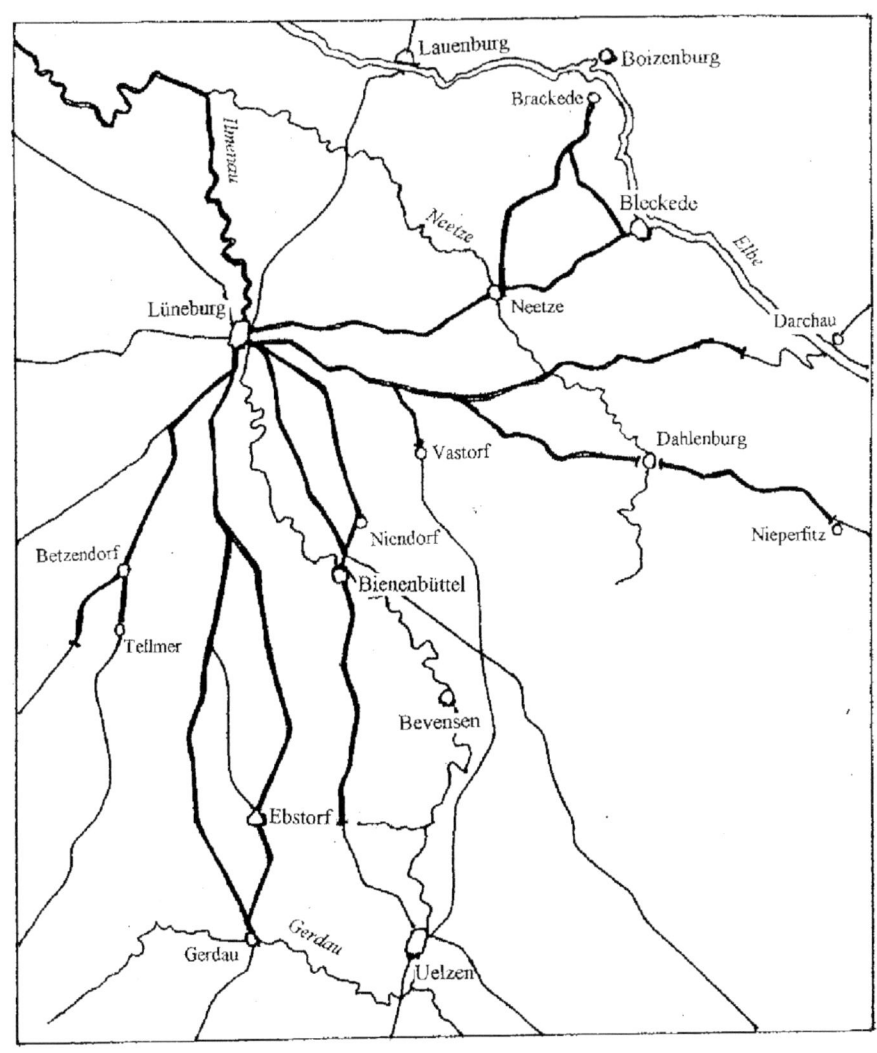

Gerichtsbarkeit der Amtsvogtei Bienenbüttel für die Heerstraßen

Ende des 16.Jahrhunderts wurde in einer kurzen Notiz der Bereich für die Straßen so festgehalten: (5)

Waß uff diesen nachgeschriebenen herstraßen sich straffbahr zutreget sölcheß gehöhrth dem haus Winsen zur regtferttigen

von Lüneburg nach	*Briedtling* *Bleckede* *Dalenburgk* *Magdeburg* *Winsen an der Luhe* *Ultzen zur Binnenbuttel ober die Brugken* *durch repenstede* *Durch die haasenburg uff Melbeck* *nach Barnhagen oder uff retmer* *undt Betzendörff*

Waß sich aber uff den beywegen Kirchen und Mühlenweg straffbars zutraget, dass gehörrtt sich in dem Gohe oder Amptt da die that begangen wirtt zu straffen.

Nach dieser Auflistung war die Amtsvogtei Bienenbüttel noch für weitere Straßenverbindungen zuständig, nämlich für die von Lüneburg nach Winsen/Luhe und die über Brietlingen auf Lauenburg führende sowie diejenige durch Reppenstedt in Richtung Kirchgellersen – Salzhausen.
Vorfälle, die sich auf Nebenstraßen sowie Kirch- und Mühlenwegen ereigneten, wurden vom Gogericht abgeurteilt.

Dem Bienenbütteler Amtsvogt war die Überwachung des Verkehrs auf den genannten Straßen übertragen. Dazu hatte er besondere Vorkommnisse festzuhalten, für die Anzeige vorgefallener Straftaten an das Amt Winsen zu sorgen und später auch erkannte Strafen zu vollstrecken. Aber auch um den Zustand und die Unterhaltung sowie Verbesserung der Heerstraßen musste sich der Amtsvogt kümmern. Weiter hatte er darauf zu achten, dass von den Fuhrleuten das festgelegte Wegegeld – eine Maut – entrichtet wurde.

Der räumliche Bereich dieser besonderen Gerichtsbarkeit ist in einem Entscheid des Medinger Gogerichts aus dem Jahre 1638 festgelegt. Die entsprechenden Beratungspunkte wurden so beschieden:

12. Worhin die Brüche, so im Gohe uff der Heerstraßen geschieht, gehöre ?

Eingebracht,

Was uff der Heerstraßen von dem Wege, so ferne man mit einen Spießhaken reichen kan, geschieht, davon gehöret uff der niedrigen Heerstraßen biß gen Morbeck das Gerichte undt Brüche nach dem Hauße Winsen, aber die übrige Heerstraße von Morbeck gehöret nach dem Hauße Bodendick.

Dieser Entscheid befasste sich also nur mit einer der vielen Straßenverbindungen. Es war der Weg von Lüneburg, der an Deutsch Evern vorbei über Bienenbüttel bis an den Ahrbeck („Morbeck") bei Emmendorf führte. Er verlief nicht im Trassenbereich der heutigen B 4, sondern als sogenannter Sommerweg über Bargdorf – Seedorf – Barum nach Uelzen. Für diese Straße war bis zum kleinen Bach „Ahrbeck" das Amt Winsen zuständig; südlich davon hatte das Amt Bodenteich die Aufsicht und Verpflichtung für die Unterhaltung dieser Fernverbindung.

Im Jahre 1666 wurde nochmals über den räumlichen Umfang der Heerstraßen entschieden: (6)

Gefragt:

wem die Heerstraße zu bessern gebühre ?

Eingebracht,

weil das Amt Winsen die Brüche und Straffen sammt dem Weg=Gelde von asolcher Heerstraße zu heben, gebührete auch selbigem Amte die Ausbesserung zu thun, und hätte das Amt und Goh Meding niemals dazu geholfen, wäre es auch nicht schuldig zu thun.

Gefragt:

wem die Gohleute die Brüche in Bienenbüttel zuerkennen ?

Eingebracht,

Bienenbüttel were im Goh Medingen belegen, weil aber durch Bienenbüttel die Winser Heerstraße ginge, gehörete was uff selbiger, so fern man mit einem Spießhaken reichen kann, nach dem Amt Winsen, was aber außerhalb solcher Heerstraße geschieht, hette das Goh Meding zu straffen.

Betrachtet man die räumliche Begrenzung der Straße, so darf man nicht von den heutigen Zuständen ausgehen. Die über das Land führenden Straßenverbindungen wiesen keine Seitenbegrenzungen auf und waren regelmäßig nicht befestigt. Steinpflasterungen gab es gelegentlich in Orten oder an Engpässen – so z.B. an der Bienenbütteler Brücke.

Die Fuhrleute waren zwar gehalten, die vorhandene Fahrspur zu nutzen. Dies ging jedoch nur so lange, bis die Spur so vertieft war, dass die schweren Fuhrwerke auf ihr nicht mehr fahren konnten. Dann wurde – sofern die Spur nicht aufgefüllt wurde - kurzerhand neben der vorhandenen Fahrspur eine weitere gelegt, bis diese ebenfalls nicht mehr zu nutzen war. So konnte es durchaus geschehen, dass zwanzig und mehr Fahrspuren nebeneinander verliefen und die Straße bis zu hundert Meter und darüber hinaus breit war – noch heute sind am Klepenberg links und rechts der B 4 die Vertiefungen der alten Fahrspuren zu sehen.
Dem Vogt stand also die Amtsgewalt über die gesamte Breite der Straße zu und darüber hinaus für die Länge eines Spießes. Diese betrug regelmäßig bei einem „langen" Spieß 18 Fuß, also rund 5,4 Meter.

Neben der Straßengerichtsbarkeit stand der Amtsvogtei auch eine besondere Jurisdiktion über einige Bäche zu. Dazu zählte die Neetze, und zwar auf der Strecke vom Mühlenteich im Ort Neetze bis zum sogenannten Wiltorfer Teich (vor Neumühlen) sowie für Vorfälle, die im Go Schmarbeck (Munster) *in fließendem Wasserstrohme* zu verfolgen waren. In den damals sauberen Heideflüssen waren Flussperlmuscheln weit verbreitet. Der Fang dieser kostbaren Muscheln war aber dem Landesherrn allein vorbehalten. Der Amtsvogt hatte somit darüber zu wachen, dass nicht unbefugt der Muschel- und Fischfang betrieben wurde und dem Landesherrn dadurch erkleckliche Einnahmen entgingen.

Weiter besaß die Amtsvogtei die Gerichtsbarkeit für
II.) die Feldmarken von Hohenbostel und Niendorf sowie in späterer Zeit auch für den Ort Bienenbüttel.
III.) die Holzungsgerichte
in Eppensen für die Forst Lohn sowie

gemeinsam mit dem Kloster St. Michaelis in Barnstedt bzw. Betzendorf über die dortigen Waldungen.

Recht früh hatte man erkannt, dass eine nachhaltige Bewirtschaftung des Rohstoffes Holz getroffen werden musste. Der Raubbau in den Wäldern durch den enormen Holzbedarf der Lüneburger Saline hat ja erst das Bild der Heide geprägt. Aber auch der Bedarf der einzelnen Orte konnte dahin führen, dass ein vorhandener Waldbestand unterging.
In früherer Zeit wurde ein Wald vielseitig genutzt. Es wurde in ihm nicht nur Bau- und Brennholz gewonnen, viel bedeutsamer war die Mast für Schweine in Eichen- und Buchenwäldern sowie als Weide für Rindvieh und Schafe. Daher fanden sich die Berechtigten als Holzgenossen zusammen, um über Nutzungs- und Pflegemaßnahmen zu befinden. Dies geschah dann auf den Holzungsgerichten.

Die bei Eppensen gelegene, heute noch vorhandene Forst Lohn war für die Amtsvogtei Bienenbüttel recht bedeutend. Der Vogt konnte aus ihr Bauholz für das Vogteigebäude ziehen und hatte die Eichelmast für „1 schock swine" – also 60 Stück – und das Recht auf Zaunhaken und Zaunbuschhieb; damals wurden Hofzäune meist um Pfähle geflochten. (7).

Zudem reichte der Umfang weit über das jetzige, westlich der Ilmenau gelegene Waldstück hinaus. Im Jahre 1587 wurde die Grenze von Nassennottorf ausgehend, bis vor Sasendorf und Seedorf und dann auf die Medinger Ilmenaubrücke verlaufend, von dort durch den Langen Grund bis an die Römstedter Kirche sowie von dort in die in Höver gehend, sodann in Burmesters Haus in Oetzendorf und hinter Heitbrack zurück auf Nassennottorf führend beschrieben.
Sämtlicher Wald- und Buschbestand innerhalb dieses Gebietes unterstand der Jurisdiktion des Eppenser Holzungsgerichts. Es wurde auf dem Meierhof abgehalten, wobei der Vorsitz vom Amt Winsen bzw. dem Bienenbütteler Amtsvogt wahrgenommen wurde. Nach einer alten Verpflichtung musste das Amt Medingen – wohl als Nachfolger des Klosters – für die Verhandlung anliefern: eine Tonne Soltmann, ein offenbar wohlschmeckendes Bier aus Salzwedel, und für die Holzgenossen einen „grünen" (frischen) Käse und einen Himten Roggen für Brot. Der Meier hatte dann für die Bewirtung zu

24

sorgen – die wohl recht gut war, da auch über betrunkene Holzgenossen bei Abhaltung der Gerichte geklagt wurde.

Die Holzgenossen waren recht selbstbewusst. Als sie 1711 gebeten wurden, nach Bienenbüttel zu kommen, damit auf dem dortigen Vogteihof das Holzungsgericht abgehalten werden könne, weil der Winsener Amtmann wegen seines Alters die Anfahrt nach Eppensen nicht schaffe, ließen sie mitteilen, wenn der Amtmann schon bis Bienenbüttel reisen könne, dann wäre es ihm auch bis Eppensen möglich. (8)

Der Bienenbütteler Amtsvogt wurde in Holzungssachen vom Amtsförster des Amts Winsen angeleitet und hatte neben der Teilnahme an den Holzungsgerichten die Bewirtschaftung des Laubwaldes, besonders die Auswahl der zu fällenden Bäume zu überwachen sowie das Forst- und Forststrafenregister zu führen.
Nach 1766 setzten dann Überlegungen ein, die Verwaltung der Forst Lohn an das nahe Amt Medingen zu verlegen. Dies geschah dann mit Wirkung vom 1. Mai 1774.

Aber auch im Bereich des Waldes Süsing, für den das Holzungsgericht in Ebstorf bestimmend war, hatte das Amt Winsen Rechte. Im *Holtingsbock* ist festgehalten:
Item wort gefraget na der rechtigheyt, de de voget to Binnenbuttel hefft uppene Süsinge, fanden de menner, dat men dem anders nicht tosta men de furunge, wan he wonet to Binnenbüttel.
Somit war der Amtsvogt berechtigt, aus dem Süsing dann Feuerholz zu holen, wenn er in Bienenbüttel wohnte. (9)

Daneben hatte der Amtsvogt auch die Pflege der herzoglichen Forsten wahrzunehmen. Bereits die Policey=Ordnung des Herzogs Christian vom 6. Oktober 1618 sieht vor, dass zur Sicherung eines ausreichenden Waldbestandes eingefriedete Kämpe (Gehege) angelegt wurden, in denen *die jungen Eichen, Büchen und Tannen unbehindert und unverletzet aufwachsen.* Aus diesen Gehegen wurden dann die jungen Bäume genommen, die *an Oertern, da sichs also fügen will, von neuem zugerichtet und besäet werden.* Entsprechende Flächen hatte der Amtsvogt vorzuhalten wie er auch

25

angewiesen war, die *sandichten und andere der Hut und Weide unschädlichen Oerter* auf eigene Rechnung zu bepflanzen. Hatte er damit Erfolg, gingen die Nutzungen an den Landesherren – großzügig erstattete dieser jedoch angefallene Ausgaben.

Für den Ort Munster und die umliegenden Orte ist zu bemerken, dass das Amt Winsen hier über erheblichen Besitz verfügte und gewisse Rechte besaß. 1539 legten die Geschworenen auf einem Gogericht fest, dass Vorkommnisse, die *in Heide und Weide, uff Kirk= und Molen=Wegen* geschahen, von dem Amt Ebstorf zu verfolgen waren, aber *was uff den Heerstraßen vorfällt undt Bleye hingeferet wird, item in den Ströhmen, auch in den vier Pfälen undt Höffen, so nach Winsen gehören.* Unter der Bezeichnung Bleye ist zu verstehen, dass der Handel von Kugelblei und Stahlwaffen – also Kriegswaffen - auf den Straßen grundsätzlich verboten war, da dadurch der Friede der Heerstraßen gebrochen wurde.
1576 wurde der Umfang der Rechtsprechung noch dahin ergänzt, dass festgelegt wurde: *... es seien drei Heerstraßen im Gerichte zu Munster allzeit von Alters her gehalten, als eine durch Munster und die andere von Wulfersode nach Winsen uff der Aller, die dritte von Wulfersode nach Orle (Oerrel) und also nach Lutterlo. Was uff diesen drei Heerstraßen geschiehet, das gehört nach Winsen zu richten, was aber aus denselben geschiehet, das gehet nach Ebstorff, imgleichen was in fließendem Wasserstrohme geschiehet, gehört nach Winsen...*
Die durch Munster führende Straße verband Uelzen mit Soltau und Verden, somit auch mit Bremen. Die über Wulfsode nach Winsen an der Aller verlaufende Verbindung kam von Lüneburg her und führte dann über Hermannsburg an die Aller und nach Hannover. Die dritte Straße ging ebenfalls von Lüneburg aus und verlief über Wulfsode – Oerrel – Lutterloh nach Celle. (10)

Von diesen aufgezeigten Gerichten muss unterschieden werden das Landgericht, das nicht die Ausübung der herrschaftlichen Judikatur darstellt. Bei den Verhandlungen des Landgerichts wurden vielmehr Angelegenheiten der Gerichtseingesessenen, Hofbesitzer und auch der Landesherrschaft als

Grundherr in Gestalt eines „Thing" abgehandelt. Auf dem Bienenbütteler Vogteihof wurden regelmäßig solche Landgerichte abgehalten, und zwar nach vorliegenden Auszügen aus Protokollbüchern etwa ab 1506 bis zum Jahre 1714. (11) Die dann erfolgte Verlegung des Landgerichts nach Winsen erwies sich als unvorteilhaft. Daher wurden später die Verhandlungen in Amelinghausen durchgeführt.

Zu damaligen Zeiten war ein Landesherr auf die rechtzeitige und umfassende Einziehung der Steuern angewiesen, hing doch davon seine Existenz ab.
Relativ früh hatte sich eine besondere Verwaltung für die Behandlung der zu erhebenden Abgaben und Steuern gebildet. Die Herzöge von Lüneburg – später in Celle – litten ständig unter Geldnot und waren, da die regelmäßigen Einnahmen nicht ausreichten, auf die Bewilligung einer „Bede", eine von ihnen erbetene Steuer, angewiesen, die von den heimischen Landständen als besondere finanzielle Hilfe auf freiwilliger Basis ermöglicht wurde.(12) Der Herzog hatte generell kein Recht, die Untertanen der Adeligen, der Kirche und der von ihm unabhängigen Städte zu besteuern. Wollte er Abgaben von diesen Hintersassen einziehen, benötigte er die Einwilligung der betroffenen Stände. Diese ließen sich vom Herzog zuvor ihre Privilegien bestätigen und verwiesen stets auf die Freiwilligkeit für die Erhebung einer „Bede" – die sich aber bald zu einer regelmäßig erhobenen Abgabe entwickelte. Zwischen 1430 und 1546 sind wenigstens 29 Landbeden zugunsten des Herzogs nach-zuweisen. Die ersten „Bede"- Bewilligungen geben keine Hinweise für deren Verwendung. Erst später führte der Herzog die drückenden Schulden des Landes an. Im Jahre 1489 erreichten dann die Landstände, dass mit der Einsetzung von Schatzverordneten Personen gewählt wurden, die zur Verwaltung und Auszahlung der Gelder befugt waren. Spätestens damit entstand für die Erhebung und Abwicklung dieser Sondersteuer eine besonders organisierte Verwaltung.

Für das Jahr 1450 liegen erstmals detaillierte Angaben über die Erhebung der „Bede", die eine Grundsteuer darstellte, vor, und zwar in Gestalt des sogenannten „Winsener Schatzregisters". (13) Danach wurde ein Vollhof von einem Pflug mit zwei Mark, ein Halb- oder Hakenhof mit einer Mark belegt, während von Kothöfen je nach deren Größe vier Schillinge bis zu eine Mark zu entrichten waren.

Dazu gibt das Verzeichnis einen Hinweis auf eine vorhandene Verwaltung. Gegliedert ist das Verzeichnis nach den bestehenden Goen, die zum Teil in Veeste unterteilt sind. Diese Einteilung entspricht derjenigen der Landgerichte.

Auffällig ist jedoch, dass für das Gebiet um Amelinghausen und größtenteils um Bienenbüttel der Begriff einer „vogedie" benutzt wird. Die Hofstellen der aufgeführten Orte in beiden Vogteien unterlagen nicht der Gerichtsbarkeit der Landgerichte, sondern unterstanden dem Amt Winsen/Luhe und damit dem Herzog. Somit ergab sich auch die Zuständigkeit des Bienenbütteler Amtsvogts.

Die Vogtei Bienenbüttel erhob im Jahre 1450 Abgaben von Höfen in diesen Orten:
1. Hohenbostel (Hoghenborstell) - 9 Halbhöfe
2. Niendorf (Nygendorppe) - 3 Halbhöfe, ein Kothof
3. Vastorf (Vasselstorppe) - ein Halbhof, 4 Kothöfe
4. Holzen (Holtzell), im Kreis Lüneburg gelegen - ein Halbhof
5. Neetze (Netze) - je ein Voll- und Halbhof, 2 Kothöfe
6. Boltersen - ein Halbhof
7. Ricklingen (Rikelinge) - 2 Halbhöfe, entgegen der sonst üblichen Praxis auch vom Veestherrn Tidemann
8. Embsen (Emptzen) - ein Vollhof
9. Buendorf bei Dahlenburg (Budendorppe) - 3 Halbhöfe, wobei von einer weiteren Hofstelle des Clawes Kopman keine Abgaben gezogen worden konnten
10. Gr. Thondorf (Todendorppe) - 4 Halbhöfe, 2 Kothöfe; der Halbhof des Henneke Arneken war *combusti totaliter* (total abgebrannt)
11. Bienenbüttel (Bynenbüttel) - 3 Halbhöfe, 5 Kothöfe, wobei von einem Hof keine Bede erhoben werden konnte
12. Steddorf (Stedorppe) - 2 Vollhöfe, je ein Halb- und Kothof
13. Rieste (Ristede) - 2 Halbhöfe, ein Kothof
14. Natendorf (Notendorppe) - ein Vollhof, 3 Kothöfe
15. Oldendorf II (Oldendorppe) - je ein Voll-, Halb- und Kothof

16. Gerdau (Gherdauw) - ein Vollhof, 2 Halbhöfe, ein Kothof
17. Eitzen II (Etze) - ein Halbhof, 2 Kothöfe
18. Oerzen, Krs .Lüneburg (Ortze) - ein Vollhof
19. Heinsen (Heynsen) - ein Halbhof
20. Kolkhagen (Kolckhagen) - ein Kothof
21. Böddenstedt (Bodenstede) - je ein Halb- und Kothof
22. Radenbeck (Radenbeke) - ein Halbhof
23. Beverbeck (Beverbeke) - 2 Halbhöfe
24. Walmstorf (Walmestorppe) - ein Vollhof
25. Wriedel (Wridell) – ein Halbhof
26. Velgen (Veling) - ein Vollhof *dedit prefecto* (gab dem Präfekten – des Klosters Ebstorf) wie auch in
27. Glüsingen (Glusing) - ein Kothof
28. Barnstedt (Bernstede) - ein Halbhof.

Weiter zog die Vogtei Bienenbüttel Einkünfte aus Ortschaften, die zu dem sogenannten Sondergut (sunderghude) zählten, so in

29. Kl. Bünstorf (Bunstorppe) - 2 Vollhöfe, ein Halbhof sowie 3 Kotstellen in Bevensen
30. Eppensen - je ein Voll-, Halb- und Kothof, dazu 8 Kothöfe in Bevensen
31. Tätendorf (Tetendorppe) - ein Vollhof und 3 Kothöfe in Bevensen
32. Westerweyhe - 2 Kothöfe
33. Bohlsen (Boltzen) - je ein Voll- und Halbhof
34. Holthusen II - 2 Vollhöfe
35. Klintmühle (bei Gerdau) - ein Halbhof
36. Oldendorf (heute in Suderburg aufgegangen) - ein Vollhof, je 4 Halb- und Kothöfe
37. Masendorf (Masendorpe) - 3 Kothöfe
38. Schmarbeck, Kreis Soltau-Fallingbostel (Smerbeke) - ein Vollhof
39. Oerrel (Orle) - je ein Voll- und Kothof
40. Ilster - ein Halbhof
41. Allenbostel (Alenborstell) - je ein Voll- und Kothof
42. Arendorf (Arndorppe) - ein Halbhof
43. Holthusen I - je ein Voll-, Halb- und Kothof
44. Eitzen I (Etzen) - ein Kothof

45. Grünewald (Gronewold) - 2 Halbhöfe, 4 Kothöfe
46. Dreilingen (Dreylinge) - ein Vollhof, 2 Halbhöfe.

Zu diesem Sondergut zählten offenbar noch weitere Ortschaften wie Sangenstedt, Rottorf, Wittorf, Handorf, Bütlingen, Mechtersen und Vögelsen, alle nördlich von Lüneburg gelegen und sonst nicht der Vogtei Bienenbüttel zugeordnet. Dazu waren 1450 die als Sondergut aufgeführten Höfe für die Abgaben als vogteifrei anzusehen, sodass sie nur bei der Erhebung der „Bede" aufgeführt wurden. (14) Erst in den folgenden Jahrhunderten gerieten sie unter die Verwaltung der Amtsvogtei.

Rund 110 Jahre später – 1564 – waren zu den für das Jahr 1450 aufgeführten Orten noch Hofstellen in Breloh (Krs. Soltau), Kirchweyhe, Hanstedt I, die unmittelbar bei Bienenbüttel gelegene Findorfsmühle sowie in Häcklingen (bei Lüneburg), Betzendorf, Holtorf (bei Betzendorf), Gienau, Siecke und Seedorf (bei Dahlenburg) hinzugekommen.

Für die Orte in der heutigen Einheitsgemeinde sollen auch die damaligen Hofbesitzer und die Höhe der an die Vogtei Bienenbüttel abgeführten Abgaben aufgezeigt werden. 1450 gaben in

1. Bienenbüttel
Hans Clatte, Kote – 5 Schillinge
Meyneke Lampen, Halbhof
Gereke Scroder, Kote – 4 Schillinge
Stutische, Kote – 2 Schillinge *pauperrima* (sehr arm)
Luteke Burmester – *nichil* (nichts)
Luteke Schomaker, Halbhof – *dedit* (gab)
Hans Bercker, Kote – *dedit* (Hinrick Meyger, Halbhof)

2. Hohenbostel.
Hier gab es nur Halbhöfe, die jeweils den Bede-Betrag mit einer Mark entrichteten, nämlich
Luteke Bosell
Topeke

Jacob Burmester
Vicke vam Borstell
Henneke Berten
Hans Bosell
Titeke Klentzen
 Luteke Marckward
Werne Stranck

3. Niendorf
Hans Wikow, Halbhof – *dedit*
Werneke Richardes, Kote – *vidua, dedit 4 s* (Witwe, gab 4 Schillinge)
 Meyneke Richardes, Halbhof – *dedit*
Lange Hoyke, Halbhof – *dedit*.

4. Steddorf
Heyne Molner, Vollhof
Titeke Berchhuse, Vollhof – *dedit*
Hakensnider, Vollhof – *dedit*
Hans (Poleman), Halbhof – *dedit*
Henneke Alberdes, Kote – *dedit*

5. Rieste
Beneke Scroder, Halbhof – *dedit*
Schevelutke, Halbhof – *dedit*
Werneke, Kote.

6. Beverbeck
Beneke Koch, Halbhof – *dedit*
Meyneke Koch, Halbhof – *dedit*.

7. Eitzen
Rosenhopp, Kote – *dedit*

8. Grünewald
Jacob, Halbhof – *dedit*
Heyne Hervens, Halbhof

Schele, Kote
Hans Kumpan, Kote – *dedit*
Lopauw, Kote
Burmestersche, Kote – *dedit*.

In dem Verzeichnis von 1564 wurden die Hofbesitzer namentlich, die Kotstellen nur der Zahl nach aufgeführt. Es wohnten in

1. Bienenbüttel
Hans Berchmann, Dirck Meiger und Joachim Hover sowie zehn Kotbesitzer, dazu auf

2. Findorfsmühle (Vindorper molen)
Hinrich Vindorff und ein Koter

3. Hohenbostel
Dirich Schele, Berendt Wise, Jacob Sander, Hanß Wolter, Lutke Otte, Alberdt Zigel und Jacob Tonnieß

4. Niendorf
Drewes Meiger, Dirich Schulte und ein Koter

5. Steddorf
Carsten Meiger, Lutke Hermans, Carsten Hartoge und Hinrich Hakensnider dazu zwei Kotstellen (15)

6. Rieste
Hinrich Rademaker, Treuweß (Drewes) Meiger und ein Koter

7. Beverbeck
Claus Hane und Vidt Meiger

8. Eitzen - keine Angaben

9. Grünewald
Hans Hakensnider und Hanns Berman.

Die Säkularisierung der Klostergüter in der ersten Hälfte des 16. Jahrhunderts veränderte die Strukturen der landesherrlichen Verwaltung nicht – für den übernommenen Klosterbesitz wurden neue Ämter gebildet, die zum Unterschied zu den bereits bestehenden auch die Bezeichnung Klosterämter erhielten.

Das Eingreifen des dänischen Königs Christian IV. in den Dreißigjährigen Krieg wirkte sich auch auf unsere Gegend aus – so kam es 1628 bei Hohnstorf zu einem Treffen der Dänen mit kaiserlichen Truppen unter dem Befehl des Generals Tilly. Schon in den Jahren zuvor waren Orte um Bienenbüttel häufiger von durchziehenden Truppen geplündert worden. Der Celler Herzog verlangte im Sommer 1628, dass die Amtmänner und Vögte Verzeichnisse über den Zustand der Höfe fertigten und Angaben machten, ob nach den erlittenen Kriegsschäden noch die Steuern aufgebracht werden könnten. (16)

Der Bienenbütteler Amtsvogt begnügte sich augenscheinlich mit der Aufzählung der seiner Verwaltung unterstehenden Hofstellen.

In Bienenbüttel handelte es sich um die Vollhöfe des Johan Schele und eines Hans, der verarmt war, die Kothöfe von Jürgen Rademacher, Diederich Otte, Claus Linde, Johan Garves, Heinrich Veltman, Fritz Schele, Michel Holsten und Johan Koch sowie den Brinksitzer Jürgen Jeneke.
Dazu saß auf Findorfsmühle der Halbhöfner Thomas Müller.

Für Grünewald listete der Vogt den Vollhof des Franz Meyer und die Kote des Dietrich Moring auf. In Beverbeck waren es die Vollhöfe von Thomas Meyer und Hanß Meyer, in Rieste die von Hans Rademacher und Carsten Meyer. Für Steddorf gab der Amtsvogt die Vollhöfe von Peter Meyer, Hans Hartich, Claus Meyer und Christoph Kost an; der letztere Hof war wüst. Hans Hardekopff, ein Kötner, war zugleich Untervogt.

Dem für das Amt Medingen aufgestellte Verzeichnis sind mehr Angaben zu entnehmen. Es heißt dort für die Orte

Bargdorf

Diese Männer gehören dem Herrn Abte in Lüneburg.
Vollhöfe: Helmke Lampe, Hans Meyer, Thomas Meyer, Lütke Meyer können nicht mehr geben. Harmen Hasse, ein Halbhof, ist wüst. Hans Gade, ein Halbhof, und Dietrich Rose, ein Halbhof, diese beiden sind verdorben und können nicht geben. Helmken, ein Köter, ist wüst.

Wichmannsburg

Der Meyer, ein Vollhof, ist durch Ausplünderung ganz verdorben und verarmt. Kothöfe: Harmen Hasse, ist wüst, Reineke, Witte, Hilmers, Schomacher, Jacob Meyer, Herman Hedde, Schope, Kolman. Diese haben sieben Monate gegeben, können nicht mehr geben, weil sie von den Kriegsleuten verdorben.

Edendorf

Vollhöfe: Der Meyer und Christoff Menerich, können geben. Hans Osten, ist wüste. Tems Harmens, ist alles verdorben. Claus Roßmann, ist wüst. Heinrich Gade, ist wüst. Könning ist durch Ausplünderung verdorben. Hans Trips, ein Halbhof, ist durch Ausplünderung ganz verdorben. Kothöfe: Carsten Trips, Engelke, Bernt Osten, können geben.

Hohnstorf

Vollhöfe: Lütke Möller und Peter Niebur sind ganz verdorben und jetzt mit der Pest behaftet. Hans Meyer desgleichen.
Der Müller in der Höneken Mühlen kann geben.

Solchstorf

Halbhöfe: Heinrich Burmeister, Gottspfennig, Soethman, Peter, Trips, Meyer. Das Dorf ist durch Ausplünderung und Brand ganz öde und wüst geworden.

Beverbeck

Eggert Bockelmann, ein Vollhof, und Peter Müller, ein Halbhof, können geben. Jacob Stern, ein Vollhof, ist abgebrannt und verwüstet.

Eitzen I

Vollhöfe: Tiedemann, Schröder, Steding können geben. Halbhöfe: Heinrich Meyer, kann geben. Polman ist mit der Pest behaftet, kann einige Monate nicht geben.

Rieste

Jasper Meyer, ein Vollhof, und Bernt Koch, ein Halbhof, können geben.

Steddorf

Der Meyer, ein Vollhof, kann geben.

Selbst diese dürftigen Angaben lassen erkennen, welchen Drangsalen die Landbevölkerung ausgesetzt war und welche große Not herrschte.

Die Auswirkungen des Dreißigjährigen Krieges veranlassten den Landesherrn, mit der Amtsordnung eine allgemein gültige Grundlage für die staatliche Verwaltung zu schaffen. Dazu mussten nach 1650 auch Amtslagerbücher angelegt werden, die es jedem Amtmann ermöglichten, sich rasch einen Überblick über den Umfang sowie den Wirtschafts- und Vermögensstand der in seinem Amt gelegenen Hofstellen zu verschaffen, ohne umständlich auf andere Unterlagen zurückgreifen oder Erhebungen anstellen zu müssen.

Dem Winsener Lagerbuch von 1681 ist zu entnehmen, dass die Amtsvogtei Bienenbüttel die Aufsicht über Hofstellen in 42, teilweise weit entfernt liegenden Orten ausübte und Abgaben für das Amt Winsen einzog.

Im Bienenbütteler Gebiet waren betroffen in

1. Bienenbüttel

Peter Behre – 10 Taler Dienstgeld, 1 Taler 17 Schillinge (Grund-)Zins, 4 Taler Akzise, da Behre ein Krugwirt war; ferner musste er „Reisen" – also Gespannfahrten - für das Amt machen.

Lüdeke Appel – 10 Taler Dienstgeld, 10 Taler 17 Schillinge Zins

Jürgen Bausche, Großkote - 12 Schillinge Zins

Andreas Sievers, Kote - 12 Schillinge Zins und „ungemessener Dienst", also zeitlich nicht begrenzte Arbeiten

Johann Gerstenkorn, Kote - 3 Taler Dienstgeld, 1 Taler 22 Schillinge Zins, 4 Taler Akzise. Gerstenkorn saß auf dem v. Harling'schen Krug, heute Brümmer.

Hans Grüttmakers Witwe, Kote – 22 Schillinge Zins, dazu Briefträgerdienste für das Amt

Thiele Riestedt, Kote - 22 Schillinge Zins und Briefträger

Peter Vestenauer, Kote - 12 Schillinge Zins

Adam Meyer, Kote - 22 Schillinge Zins und Briefträger

Franz Pollmeyer, Kote - 22 Schillinge Zins, 8 Taler Akzise und Briefträger

Hans Linde, Kote – 12 Schillinge Zins und Briefträger

Christoph Griefke, Kote - 22 Schillinge Zins und Briefträger

Michel Brodermann, Kote – Briefträger.

Auf Findorfsmühle saß Daniel Vindorf als Großkotner, der 2 Taler 4 Schillinge Zins sowie 1 Friedrichstaler an das Amt Winsen zu geben hatte und Briefe – jedoch nur nach Winsen – tragen musste.

2. Hohenbostel
(die Halbhöfe des Orts gehörten dem Landesherrn)

Hans Burmeister - 5 Taler Dienstgeld, 12 Schillinge Zins und 20 Himten Gerste.

Hans Ziegelers Witwe – 5 Taler Dienstgeld, 1 Taler 17 Schillinge Zins, 10 Himten Gerste

Jürgen Polmann - 5 Taler Dienstgeld, 1 Taler 27 Schillinge Zins, 1 Taler Akzise, 10 Himten Gerste – Polman war also auch Krugwirt -

Klaus Klinge 5 Taler Dienstgeld, 1 Taler 27 Schillinge Zins, 8 Himten Gerste

Helmke Wiese, Karsten Gause, Hinrich Meyer und Joachim Moritz (fr. Clement) waren jeder mit 5 Taler Dienstgeld, 1 Taler 27 Schillinge Zins und 10 Himten Roggen veranschlagt.

3. Niendorf
Die drei Höfe gehörten dem Herzog. Abzuführen waren von Peter Gottespfennig und Heinrich Schulte je 10 Taler Dienstgeld, 2 Taler 30 Schillinge Zins und 24 Himten Roggen.

Der weitere Hofbesitzer Heinrich Burmester war als Untervogt frei von Abgaben und Diensten.

4. Steddorf

Peter Schulz, dessen Hof dem Herzog gehörte: 10 Taler Dienstgeld, 2 Taler 20 Schillinge Zins, 1 1/2 Taler für ein Schwein, 18 Himten Roggen.

Carsten Stegens Witwe – 1 ½ Taler für ein Schwein, 12 Schillinge Zins.

Wilh. Meyer, dem Herzog gehörig: 10 Taler Dienstgeld, 1 Taler 38 Schillinge Zins, 1 ½ Taler für ein Schwein.

Peter Hartig – 12 Schillinge Zins.

5. Rieste

Hier wurden keine Abgaben für das Amt Winsen erhoben.

6. Beverbeck

Hans Meyer und Heinrich Meyers Witwe je 10 Taler Dienstgeld, 4 Taler 3 Schillinge Zins.

7. Eitzen ist nicht aufgeführt

8. Günewald

Marten Kruse, dessen Hof dem Landesherrn gehörte: 5 Taler Dienstgeld, 1 Taler 31 Schillinge Zins, 16 Himten Roggen.

Die Kote des Peter Burmester lag wüst, sodass nichts gegeben werden konnte.

Dazu erhob der Bienenbütteler Amtsvogt noch Einnahmen in diesen Orten:

Ort	Dienstgeld			Zins			Naturalien
	Tlr.	Sh.	Pfg.	Tlr.	Sh.	Pfg.	Himten
im heutigen Kreis Uelzen:							
Dreilingen	32 ½	-	-	9	30	-	14 Roggen 4 Gerste
Oldendorf (bei Suderburg)	6	51	8	5	6	-	-
Böddenstedt	9	-	-	2	16	-	-
Bohlsen	20	-	-	7	34	-	60 Roggen
Gerdau	25	-	-	14	42	-	-

	Tlr.	Sh.	Pfg.	Tlr.	Sh.	Pfg.	Himten
Holthusen	10	-	-	4	6	-	-
Klintmühle	-	-	-	-	24	-	-
Westerweyhe	3	-	-	1	8	-	6 Roggen
Kirchweyhe	43	10	-	9	13	20	134 Roggen
Golste	-	-	-	1	-	-	24 Roggen
Seedorf	13	-	-	5	18	-	-
	1 ½ Tlr.Akzise						
Tätendorf	13	-	-	5	-	6	48 Roggen
							84 Hafer
Eppensen	1	-	-	5	44	-	60 Roggen
							108 Hafer
Walmstorf	10	-	-	2	3	-	-
Kl. Bünstorf	22	-	-	12	30	-	36 Hafer
im heutigen Kreis Lüneburg:							
Betzendorf	12	-	-	3	40	-	-
	3 Taler Akzise						
Holtorf	-	-	-	-	12	-	-
Barnstedt	10	-	-	2	8	-	-
	1	4	- Akzise				
Glüsingen	13	-	-	3	24	-	-
Heinsen	10	-	-	3	23	-	-
Embsen	-	-	-	-	12	-	-
Oerzen	2	-	-	3	23	-	-
Häcklingen	-	-	-	-	24	-	-
Deutsch Evern		-	-	-	-	36	-
Vastorf	-	30	-	4	14	6	-
Siecke	2 ½	-	-	-	30	-	-
Buendorf							
(bei Dahlenburg)	10	-	-	2	-	-	46 Hafer
Ricklingen	5	-	-	2	-	-	-
Neetze	30	-	-	7	1	6	-
Holzen	1	-	-	1	-	-	-
	12 sh. Akzise						
Radenbeck	2	18	-	-	18	-	
	3 Tlr. 16. sh. Kornzins						

Um eine Vorstellung über den Umfang der angeführten Abgaben zu erhalten, sollen aus der Markt- und Taxordnung des Celler Herzogs Georg Wilhelm aus dem Jahre 1679 einige – festgelegte – Preise angeführt werden. Ein gut gemästeter Ochse wurde regelmäßig nicht unter 20 Taler gehandelt. Auf dem Markt konnte eine Ochsenzunge für 5 Mariengroschen (Mgr.) oder 6 Schillinge (Sh.) 2 Pfennige verkauft werden. Ein Pfund gutes Hammelfleisch wurde mit 1 Mgr. 4 Pfg. bzw. 7 Sh. 5 Pfg., ein Pfund Schweinefleisch nicht über 2 Mgr. oder 2 Sh. 2 Pfg. abgegeben.

Die oben angeführten Abgaben umfassen nur einen Teil, da der Amtsvogt sich noch um weitere Einkünfte kümmern musste. Die abgabepflichtigen Einwohner der Amtsvogtei hatten auch noch diese Abgaben abzuführen oder Dienste aufzubringen:

- Geld- und Korngefälle
- Zehntrechte wie den Korn-, Fleisch-, Schmal- und Immenzehnt und
- Flachs- und Hanfzehnt
- Rottzehnt, der nach einigen Freijahren von gerodetem, urbar gemachtem Land erhoben wurde
- Zehntfuhren oder deren Abgeltung durch Geld
- Zinsroggen und rauer Zinshafer
- Hofschweine, die entweder in Natur geliefert oder pro Stück mit 1 ½ Taler ausgeglichen werden konnten, und
- Hofschafe
- Zins- oder Rauchhühner
- Zinseier, überwiegend ein Schock, also 60 Stück
- Hand- und Spanndienste, wobei der Vollhöfner mit seinem Gespann wöchentlich zwei Tage, ein Halbhöfner dagegen nur einen Tage zu leisten hatte. Die Handdienste oblagen den Kötnern mit zwei Tagen in der Woche, während ein Brinksitzer einen Tag dienen musste.
- Dienstgeld, das als Ersatz für zu leistende Hand- und Spanndienste und in verschiedener Höhe zu zahlen war; regelmäßig fielen auf einen Vollhof 10 Taler.
- Haltung des Jagdlagers
- bei Jagden auch Treiberdienste und

- Tragen des Wildbrets, das an bestimmten Stellen zusammengefasst wurde
- Vöörhüür oder Weinkauf von einem neuen Hauswirt.

Bei diesen Abgaben handelte es sich überwiegend um solche, deren Leistung auf die Grundherrschaft zurückzuführen war. Dazu zählten auch noch besondere Abgaben wie der
- Pfennigzins
- Königszins, der jedoch nur von den Betzendorfer Juraten für eine Hofstelle im wüst gewordenen Hillersbüttel entrichtet wurde
- das Kruggeld, das ein Krug- oder Gastwirt als eine Erlaubnisgebühr bzw. Pacht für sein Geschäfts zu zahlen hatte.
- Thomas – Zoll, der von den Pflichtigen aus der Vogtei Amelinghausen, Bienenbüttel, Garlstorf am Walde und Pattensen am Thomastag (21. Dezember) in Lüneburg bei Sonnenuntergang gezahlt werden musste. Geschah dies nicht zeitgerecht, verfiel alles unter dem Dach des Wohnhauses befindliche Hausgeschlachtete dem zur Erhebung des Zolls Berechtigten.

Daneben zog der Amtsvogt im Einzelfall ein:
- Geleittaler, s.v.w. ein Wegegeld
- Verthädings – Taler (auch Thädings- oder Vertheidigungs-Gelder), der bei Abhaltung der Land- und auch Holzgerichte von der erkannten Geldstrafe erhoben wurde. Nach einer landesherrlichen Anordnung vom 12. März 1690 standen den Amtsvögten als Nebeneinnahmen 4 gute Groschen (ggr) oder 4 Mariengroschen (mgr.) und 4 Pfennige von jedem Taler Strafe zu; betrug die Strafe weniger als einen Taler, fielen nur 3 ggr. bzw. 6 mgr. an. Bei „Unzuchtsbrüchen" waren 3 mgr. bzw. 1 mgr. 4 Pfg. zu zahlen.
- Abgaben für herrenloses Gesinde. Diese Abgaben waren zu entrichten, wenn eine Person freiwillig bei den Eltern oder Geschwistern, einem sonstigen Brotherrn diente oder sich als Häusling niederließ, was auch ausgemusterte Soldaten traf. Das Geld floss der Gemeinde für das Armenwesen bzw. der zu entrichtenden Kontribution zu.

Als „staatliche" Abgaben waren von den Einwohnern dazu aufzubringen:
- die Kontribution zur Unterhaltung des Militärs
- ein „Tobacksgeld", das von jeder Mannsperson über 14 Jahre mit 6 mgr. jährlich erhoben wurde – gleich ob Raucher oder Nichtraucher
- die Quartalsteuer
- Fourage-, Service- und Quartiergelder
- das Burgvestgeld (auch Handburgfesten), das als Ersatz für die mit der Hand an drei Tagen zu leistenden Dienste an einer Burg oder einem Schloss des Landesherrn gezahlt wurde.

Bei der Aufhebung der Amtsvogtei Bienenbüttel im Jahre 1795 gingen an ständigen Einkünften vom Amt Winsen nach der folgenden Übersicht, die den Wert nach Talern / Mariengroschen / Pfennigen enthält, an die übernehmenden Ämter über:

Amt	Medingen	Ebstorf	Bodenteich	Lüne	Bleckede	Garze
Kornzehnt	--	--	--	20/6/19 1/3	--	--
Zinsroggen	26/14/-	15/3/ -	10/-/-	--	--	--
Zinshafer	35/ 5/-	5/- /-	5/2/1	1/4/3	5/2/1	--
Zinseier	1/15/ 4 ¼	--	--	-/30/-	-/8/5	--
Rauchhuhn	2/33/-	--	--	1/12/6	-/22/4	-/7/4
Hofschweine	3/-/-	--	--	--	--	--
Zinsgeld	3/29/2	--	--	--	--	--
Pfennigzins	34/11/2	60/20/5	--	13/15/6	3/22/4	1/13/4
Dienstgeld	121/27/-	320/-/-	--	68/18/-	16/18/-	4/18/-
Thomaszoll	1/-/-	-/9/-	--	1/13/4	--	--
Königzins	--	--	--	-/27/-	--	--
Zehntfuhr-geld	18/15/-	--	18/-/-	21/-/-	--	--
Handburg-feste	14/9/-	--	--	6/13/4	2/9/-	-/27/-
Rottzehnt	3/-/-	--	--	--	--	-- .
	265/15/1/4	401/32/5	33/2/1	134/35/ 2 1/3	28/9/14	6/30/-
Tage zu						
Spanndienst	780	-	-	676	52	-
Handdienst	1456	-	-	260	416	208

Die ständigen Einkünfte erreichten somit einen Betrag von 870 Talern 15 Mariengroschen und 22 1/5 Pfennigen. Um 1795 konnte für rund 300 Taler ein durchschnittliches, mit Stroh gedecktes Bauernhaus errichtet werden, während das Armenhaus, in dem drei bis vier Familien Unterkunft fanden, für lediglich 40 – 50 Taler erbaut wurde. (17)

Für die beiden Orte Hohenbostel und Niendorf sind jeweils alle Höfe für die Abgaben und Dienste in den Registern des Amts Winsen/Luhe erfasst. Sie können somit als Beispiel dafür dienen, welche Belastungen ein Hof um 1795 zu tragen hatte. (18)

Die Halbhöfe der Besitzer in Hohenbostel waren so eingestuft:
Johann Hinrich Burmester

Pfennigzins	1 Taler	6 mgr.	6 Pfg.
Dienstgeld	5 Taler		
für 3tätige Handburgfesten		13 mgr.	4 Pfg.
Kornzehnten	1 Taler	18 mgr.	
Rauchhuhn, das Stück zu 3 mgr. 6 &		7 mgr.	4 Pfg.
Zinseier, das Schock (60 Stück) zu 11 mgr. 2 &		2 mgr.	6 ½ Pfg.
Korn-Prästandorum	1 Wichhimten	1 Himten	
Hafer		3 Himten.	

Die übrigen Halbhöfner Carsten Peter Gause, Jürgen Hinrich Gause, Johann Hinrich Meyer bzw. dessen Witwe, Johann Hinrich Sander, Johann Hinrich Siegel und Johann Hinrich Warner bzw. dessen Witwe hatten jeweils zu geben:

Pfennigzins	1 Taler	6 mgr.	6 Pfg.
Dienstgeld	5 Taler		
für 3tägige Handburgfesten		13 mgr.	4 Pfg.
Kornzehnten	1 Taler	18 mgr.	
Rauchhuhn		3 mgr.	6 Pfg.
Zinseier		2 mgr.	6 ½ Pfg.
Korn-Prästandorum	10 Himten		
Hafer	1 Himten	2 Metzen	

Johann August Hankemeyer (auch Hänekemeyer) hatte dagegen für seinen Halbhof aufzubringen:

Pfennigzins	1 Taler 6 mgr. 6 Pfg.
sowie	
Dienstgeld	5 Taler
für 3tägige Handburgfesten	13 mgr. 4 Pfg.
Kornzehnten	1 Taler 18 mgr.
Rauchhuhn	3 mgr. 6 Pfg.
Zinseier	2 mgr. 6 ½ Pfg.
Korn-Prästandorum	8 Himten.

Jeder Halbhöfner musste dazu noch für 52 Tage Spanndienste leisten.

Die Hohenbosteler Bauern bestellten auch die Flächen des in Dieksbeck gelegenen Brinkhofes mit und hatten dafür gemeinschaftlich aufzubringen

Dienstgeld	1 Taler
für 3tägige Handburgfesten	13 mgr. 4 Pfg.
sowie 52 Tage Handdienste.	

Das in Dieksbeck vorhandene Gasthaus war in der Zeit von 1791-94 für jährlich 30 Mariengroschen an die Witwe eines Hans Voigt verpachtet.

Weiter führt das Register an: *Die Hohenbosteler haben vor Zeiten dem Amtsvoigt zu Bienenbüttel für die Aufsicht auf ihre Hölzung einen Wichhimten Rauchhaber, so sie MastungsHafer genannt, gegeben, welchen Rauchhafer nachgehends zu Register gezogen, und allhier zur Einnahme gebracht worden.*
Das Amt passte also auf, dass der Vogt keine unzulässigen Nebeneinkünfte bezog.

In Niendorf gab es zwei Vollhöfe, die von Hinrich Jürgen Burmester und Jürgen Friedrich Sander bewirtschaftet wurden. Beide gaben

Pfennigzins	2 Taler 9 mgr.
Dienstgeld	10 Taler

Für 3tägige Handburgfesten	13 mgr. 4 Pfg.
Kornzehnten	1 Taler 18 mgr.
Rauchhuhn	7 mgr. 4 Pfg.
Zinseier	3 mgr. 6 Pfg.

und hatten auch jeweils für 104 Tage Spanndienste zu leisten.

Bei dem Korn-Prästandorum gab Burmester 1 Wichhimten 6 Himten, während Sander 2 Wichhimten aufzubringen hatte.

Ferner war noch der Halbhof des Jürgen Hinrich Burmester vorhanden, der auch Untervogt war. Dies befreite ihn nicht von den Leistungen, die er so zu erbringen hatte:

Pfennigzins	6 mgr. 6 Pfg.
Dienstgeld	2 Taler
für 3tätige Handburgfesten	13 mgr. 4 Pfg.

Die Abgaben für den Kornzehnten, das Rauchhuhn und die Zinseier entfielen, dagegen war das Korn-Prästandorum mit 6 Himten angesetzt. Dazu musste der Untervogt Burmester an 52 Tagen Spanndienste leisten.

Anmerkungen:

(1) - Des Weyl. Herrn Premier-Ministers und Cammer-Praesidenten Herrn Gerlach Adolph von Münchhausen hinterlaßener Unterricht von der Verfaßung des Churfürstl. Braunschweig – Lüneburgischen Geheimen Rath und Cammer-Collegii (1754) in : ZHVNds. 1855 S. 269 ff.

(2) - Rüther/Schulz-Egestorf: Das Lagerbuch des Amtes Winsen von 1681 - S. 11

(3) - Frhr. v. Hammerstein: Der Bardengau (Hannover, 1869) - S. 293

(4) - U. Fr. Chr. Manecke: Kur- und fürstlich Braunschweig – Lüneburgsches Staatsrecht (Selle, 1859) - hier: § 112 Anm. 77

(5) - Stadtarchiv (StadtA) Lüneburg: Bestand St. Michaelis. Mich. I C 4 Nr. 4

(6) - wie Anm. 3, S. 282

(7) - Fr. Brohmann: Geschichte von Bevensen und Kloster Medingen unter Berücksichtigung des alten Amtes Medingen (Reprint 1988) - S. 95

(8) - wie Anm. 3, S. 303

(9) - wie Anm. 3, S. 260

(10) - wie Anm. 3, S. 270

(11) - StadtA Lüneburg, Mich. I C 4 Nr. 9

(12) - W.N. Schmidt-Salzen: Die Landstände im Fürstentum Lüneburg zwischen 1430 und 1456 (2001) – S. 36 ff.

(13) - R. Grieser: Schatz- und Zinsverzeichnisse des 15. Jahrhunderts aus dem Fürstentum Lüneburg (Hildesheim, 1861).

(14)- wie Anm. 3, S. 298

(15)- H. Meyerholz: Höfner in der Vogtei Bienenbüttel im Jahre 1564 in „Heidewanderer", Beilage der Allgem. Zeitung Uelzen – 1978 S. 27 - gibt 6 Kotstellen an.

(16) - H. Meyerholz: Die Geißel des 30jährigen Krieges im Kreise Uelzen
          – Heimatkalender 1971.

(17) - Reinhard Oberschelp: Niedersachsen 1760 – 1820 – Wirtschaft, Gesellschaft,
          Kultur im Land Hannover und Nachbargebieten
          (Verl. A. Lax, Hildesheim, 1982 – S. 51 f.)

(18) - Nds. HStA. – Hann. 74 Winsen Nr. 250

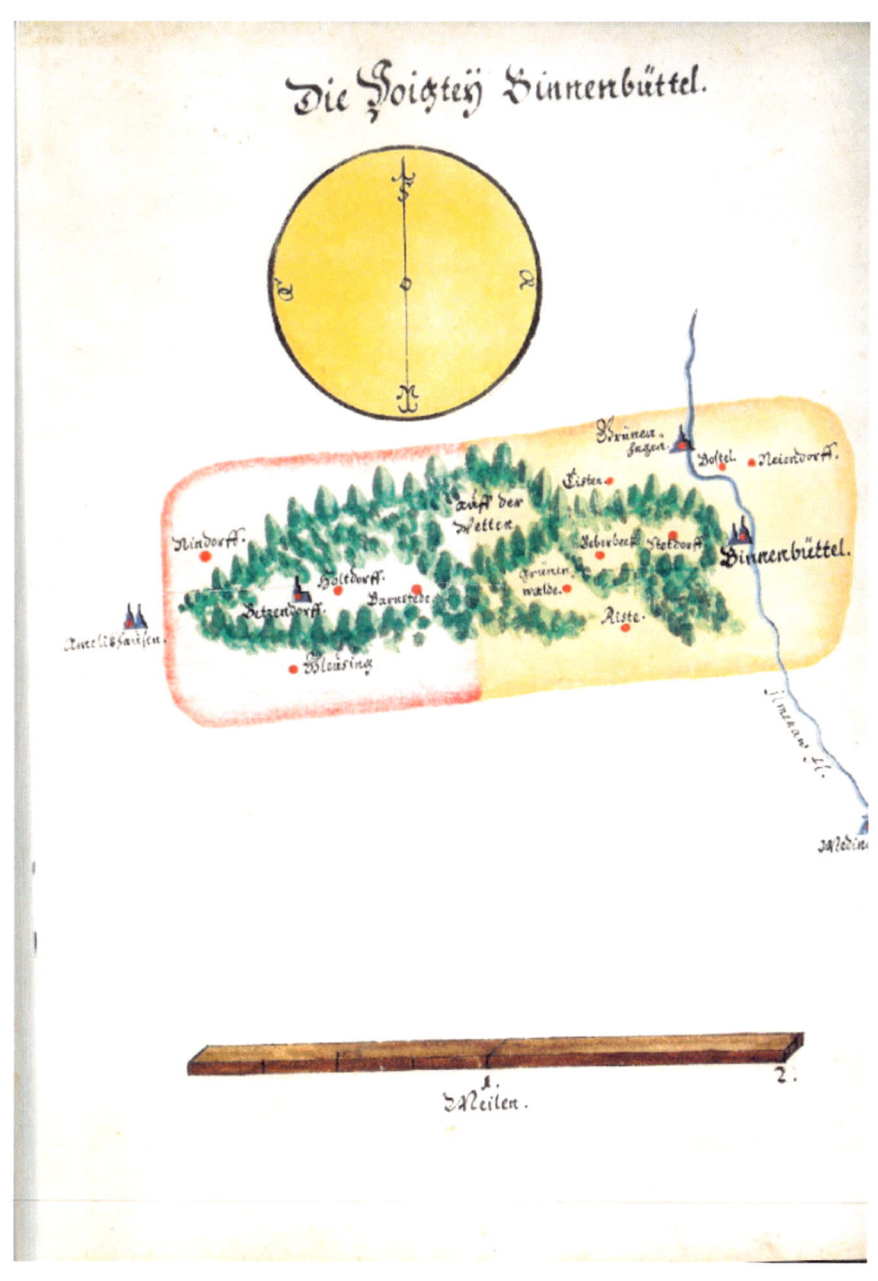

Karte der Vogtei Bienenbüttel um 1600 von Johannes Mellinger

Kompetenzstreitigkeiten
mit dem Kloster St. Michaelis

Die von der Amtsvogtei Bienenbüttel verwalteten Hofstellen lagen weit gestreut in den Bereichen vieler Ämter. Daher ließen sich Überschneidungen mit deren Verwaltungen nicht vermeiden, wodurch über Jahrhunderte hinweg Streitigkeiten mit diesen Ämtern hervorgerufen wurden. Besonders mit dem benachbarten Klosteramt St. Michaelis in Lüneburg, das um Bienenbüttel über umfangreichen Grundbesitz verfügte, hatte sich das Amt Winsen – und damit auch die Amtsvogtei – über Jahrzehnte auseinander zu setzen.

Nachfolgend sollen nur einige Vorfälle aufzeigt werden, die sich besonders in und um Bienenbüttel ereigneten, um die aufgetretenen Probleme und die sich hieraus ergebenden Regelungen aufzuzeigen. (1)

Der ab 1639 nachgewiesene, in Bienenbüttel tätige Amtsvogt Georg (auch Jürgen) Friesendorf versuchte, offenbar mit Billigung des Winsener Amtmanns oder gar des Landesfürsten, die Kompetenzen der Amtsvogtei im Bienenbütteler Bereich auszudehnen. Doch der Lüneburger Abt achtete sehr darauf, dass in seine Vorrechte nicht eingegriffen wurde. So strengte er letztlich bei dem Hofgericht in Celle am 16. März 1639 eine Klage gegen das Amt Winsen und damit gegen den Amtsvogt an, (2) um diesem die Überschreitung seiner Befugnisse untersagen zu lassen. Im Verlauf dieses langwierigen Prozesses trug der beauftragte Anwalt mehrfach die Rechte des Klosters St. Michaelis in Bienenbüttel vor. (3)

Im Hinblick auf die Eigentumsverhältnisse dieses Ortes wurde besonders betont, dass das Kloster im gesamten Dorf Bienenbüttel stets die Grundherrschaft – auch über den Vogteihof – besaß und *alle Einwohner des Dorffs Bienenbütell, wie auch der darin seshaffte Edelman Fritz Parumb von Harling* als ihren *Guths: und Lehn-Herren* den Abt zu Lüneburg hatten. Diese Stellung als Eigentümer wurde noch dadurch unterstrichen, dass die

Bienenbütteler Amtsvögte den Vogteihof jeweils als „Herrengut" erhalten hatten und den *gewöhnlichen* Canonem *nemlich zwey Wichimbten Roggen, Sechshalb Mark Dienstgeldt, ein Rauchhun, ein Zinshun, und ein Zehenthun, gleich anderen daselbst wohnende Bauern Järlich auff die Abdey zu Lüneburg geliefert und entrichtet haben.* Dazu hätte der beklagte Vogt Friesendorf *auch gleich anderen DorffsEinwohnern den Zehenden seines Getreidts* jährlich an das Kloster abgeliefert. Damit zeigte das Kloster St. Michaelis auf, dass der Vogteihof lediglich gegen Ablieferung dieser Abgaben dem jeweiligen Vogt überlassen wurde. Weiter wurde noch angeführt, dass Bienenbüttel zu den Tafelgütern der Abtei von St. Michaelis gehörte und besonders das Eigentum an dem Vogteihof der Abtei *auffm Landtgericht zu Ultzen anno 1509 ... bestercket* worden war.

Unter Berufung auf die Urkunde vom 10. November 1310 und den genannten Eigentumsrechten leitete das Kloster St. Michaelis auch das Recht für die seit langem ausgeübte Gerichtsbarkeit und somit zur Einziehung der Gerichtsbrüche ab, und zwar für diejenigen *StraffFelle, so im Dorffe Bienenbüttel und allen daselben Häusern, Höfen, in der Kirche oder aufm Kirchofe ... sich begeben und zutragen...* Der Amtsvogt war danach nicht befugt, innerhalb des Orts eingezogene Strafgelder und Gebühren einzubehalten, sondern er musste diese an das Kloster abliefern. Er hatte *allein die Jenigen Strafffelle..., welche sich auf den heerstraßen und in denen zum Ambt Winsen gehörigen holtzungen begeben und zutragen* zu verfolgen.

Das Amt Winsen an der Luhe war indes nicht untätig geblieben, sondern hatte – sehr zum Verdruss des Lüneburger Abts – am 11. Juni 1639 bei dem Celler Hofgericht ebenfalls eine Klage zur Feststellung seiner Rechte eingereicht. Der Herzog setzte in Celle eine Kommission ein, die die unterschiedlichen Standpunkte und Rechtsansprüche klären sollte. Der Bienenbütteler Amtsvogt Friesendorf wurde von ihr zu einer ersten Anhörung am 31. August 1639 nach Celle „citiret". Diese bezog sich offenbar auf einen Vortrag des Kloster St. Michaelis mit 79 aufgelisteten Punkten, in denen die Besitzansprüche der Lüneburger Abtei bewiesen werden sollten. Nach nochmaliger Darlegung der Eigentumsverhältnisse zeigte das Kloster im Einzelnen auf, dass ihm die Ausübung der Gerichtsbarkeit im ganzen Ort Bienenbüttel zustand. Vorgetragen wurde

50

dabei, dass die Abtei und damit der Abt vorgefallene *Brüche undt Straffelle, so im Dorffe Bienenbüttel und allen daselben Häusern, Höfen, in der Kirche oder aufm Kirchofe ... sich begeben und zutragen, über 10.20.30.40.50. und mehr Jahren gewesen und annoch sein* stets verfolgt hatte. Dazu wurde darauf verwiesen, dass der *itzige Herr Abt gleich seinen Vorfahren oftmals die* delinquenten *im Dorffe und ufm Kirchoffe daselbsten angreiffen, nach Grünhagen bringen, auff dem* Carcere *oder* pro ratione delicti *mit Gelde* hatte bestrafen lassen. Noch ein Punkt schien dem Lüneburger Abt wichtig, da er ausdrücklich darauf hinwies:

das Dorff Bienenbüttel (wäre) *nicht im Ambt Winsen, sondern im Goh Meding belegen, und dahero der Vogt sich keinen* jursidiction *daselbsten ... anzumassen befugt* wäre.

In der Folgezeit entwickelte sich bis in das Jahr 1641 hinein ein reger Schriftwechsel beider Parteien mit dem Hofgericht, wobei letztlich die Wiederholung der eingangs eingenommenen Standpunkte erfolgte.

Der Abt des Lüneburger Klosters erreichte sogar das Eingreifen des Kaisers Ferdinand III., wie einem Vorgang des Jahres 1647 zu entnehmen ist. (4) So heißt es in einer vom Kaiser angeordneten Untersuchung der vorgetragenen Klagepunkte u.a. - aufgezeigt in der damaligen Schreibweise:

„.... Kundt und zum wissen sey hirmit .... Donnerstags, welcher wahr der 1. April: der ... H.H. Christoph von Bardeleben, Abt. und H. vom Hause zu St: Michael. in dieser Stadt Lünebg. mich endtsbemeleten *Notarium*, zum Grünhagen gespürrlich *reqvir*iret, in beysein zweyer glaubwürdigen her-nachbenandten Zeugen, etzliche Leute auß dem Caspel Bienenbüttel uff folgende Fragen,

1. Ob nicht wahr undt Zeugen existent, alz die bestraffung der Verbrechen oder *Excesse* so in der Kirche zur Bienenbüttel forgingen, der Abtdey in Lüneburg zurstünde,

2. Ob nicht wahr, dass der Voigt zur Bienenbüttell in demselben gantzen Dörff, ein mehrers nicht alß waß uff der Heerstraßen forgingen, zur richten undt zur straffen befuget were.

3. Ob Zeuge Inmale gehörret oder erfahren, dass der Voigt zu Bienenbüttel sich unternehmen dürffen, die Leute dasselbst in den heusern undt uff den Hoefen zuepfänden.

4. Ob nicht wahr, das deme zur erwideren, sich den itzigen Voigt einß undt anders anmaßete.

5. Ob nicht war, dass gemelter Voigt, noch merlich zweyen Zimmerleuten von Beuensen, deßerwegen dass sie aufm Sontagk in Fastenauers Hause zur Bienenbüttel, eine Kanne Bier gedrunken, pfanden undt eine Exse nehmen lassen.

6. Ob nicht wahr, alz das bier so diese Leute gedruncken, auß der Vogdtey daselbst geholet worden ?

7. Ob nicht wahr, dass die semptlichen Caspelleute von diesen allen guete wißenschafft hatten ? ..."

Diesem Fragenkatalog ist recht gut zu entnehmen, in welchen Bereichen der Bienenbütteler Amtsvogt versuchte, zum Nachteil des Klosters St. Michaelis in dessen Zuständigkeit einzugreifen – sicherlich nicht ohne Rückendeckung durch das Amt Winsen. Es ging schließlich um die Einziehung der anfallenden Gebühren und Strafen.

Es wurden durch den beauftragten *Notaris Publicus* Andreas Steinbeck zahlreiche Einwohner aus Bienenbüttel und dem Kirchspiel angehört.
Aus Hohenbostel waren es Heinrich Burmeister (41 Jahre alt) und Helmecke Siell (Siegel – 70 Jahre alt), die sich zur Frage 3. dahin äußerten, dass vor *40. Jahren Peter Steinbecke, mit Dieterich Rusten, alß damahligem Voigt uff der Abtdey sich in deß Voigts hause zu Bienenbüttel geschlagen, undt Rusten mit seinem eigenen spies, durch den Darm gestoßen, deßwegen der Steinbecke dem dahmaligen H. Abte 10 Rthlr. Straff geben müssen.*
Bei Dietrich Rust handelte es sich um den Vogt des Klosters St. Michaelis, der seinen Sitz in Grünhagen hatte und von dort sein Amt ausübte.
Auch ist ein weiterer Vorfall festgehalten: Rust war von einem Schäfer aus Niendorf bei einem Landgericht in der Wohnung des Bienenbütteler Vogts geschlagen und am Kopf verletzt worden – der Täter hatte dem Lüneburger Abt eine Strafe von 20 Reichstalern zu entrichten. (3)

Ferner wurden zu den aufgeführten Fragen aus Steddorf Claus Meyer (50 Jahre) und Jürgen Janecke (60 Jahre), Jakob Harms aus Rieste (32 Jahre) sowie aus Bienenbüttel Claus Linne (70 Jahre), Heinrich Veldtman (Feldmann - 60 Jahre), Johann Brun (61 Jahre), Dietrich Meyer (53 Jahre),

Jürgen Polmeyer (50 Jahre) und Tewes Botan (40 Jahre) angehört. Sie erklärten zur Frage Nr. 3, dass vor *40. Jahren Hanß Striepe, alß damaliger Voigt zu Bienenbüttel die Köteners daselbst* (hätte) *zwingen wollen in dem Ratbruche* (d.i. Radbruch bei Winsen) *über die gepürr Holtz zur faren, undt wie sie sich dessen verweigert, Jedem eine Kuhe nehmen, undt nach Winsen treiben lassen, aber uff Klage deß dahmaligen H. Abts Conradts von Bothmer Sehl. die Kühe ohnundgeldt, uff die Höeffe davon sie genomen wieder schaffen müssen...*

Umfangreicher waren die Aussagen des Claus Brausche (70 Jahre) und Hans Fuhrhop (60 Jahre), beide aus Grünhagen.
Sie erklärten zur Frage Nr. 1, dass bei in der Bienenbüttel Kirche begangenen Untaten der Täter *sich alle Zeit uff der Abtdey straffen lassen müssen*, da beide mehrere Male *Leute vom Kirchofe zur Bienenbüttel holen, sie nach Grünhagen zur Hafft bringen helffen* mussten.
Bei Straftaten, die im Dorf und auf dem Kirchhof begangen wurden, ließ der Abt die Täter ergreifen und nach Grünhagen bringen. Hier erfolgte eine Verurteilung zum *Carcere* (Gefängnis) oder zu einer Geldstrafe. (3)

Die Frage Nr. 2 beantworten beide mit *...eß wehre büßlang nicht anders gewesen*. Die nächste Frage wurde knapp dahin beschieden, dass dem Vogt nichts zustünde, sondern allein der Abtei. Dies bestätigten auch die aus Eitzen stammenden Heinrich Schröder (80 Jahre), Jürgen Niemeyer (70 Jahre), Hans Rausche (60 Jahre), Jürgen Stegen (40 Jahre) und Jacob Tiedemann (30 Jahre), die noch anführten, dass der *Voigt hette nichts mehr zurichten, alß waß uff der Heerstraßen vorginge*.

Das Kloster St. Michaelis reagierte prompt, wenn in seine Zuständigkeiten durch den Bienenbütteler Vogt eingegriffen wurde. So ist für das Jahr 1647 ein Vorgang festgehalten, der sich in der Bienenbütteler Kirche abgespielt hatte: (5)
Manegold Pleßenberg des Krügers Knecht zu Grünhagen, hat den 16.ten Septembris Ao. 1647 sich in Brandtwein übersoffen gehabt, und derselbe in der Kirche zu Bienenbüttel ... bey ablösung etzlicher sünden, aus der Fürstlichen Policey=Ordnung, ... hinweg gegeben, Und obwohl solchen in der Kirche verübten excess, *die Voigtey Bienenbüttel mit 5 rthlr. 8 ß.*

53

bestraffen wollen, so hat doch der Herr Abt, diesen Knecht ... in Dienste genohmen, und die straffe Seren.mo M.mo *entzogen, will auch anderer* excess*, so in der Kirche und auf dem Kirchhoffe sich begeben, zur abstrafung nicht bey der Fürstlichen Voigtey lassen...*

Der Lüneburger Abt zeigte somit, dass er in seine alten Rechte nicht eingreifen und die vom Amtsvogt geforderte Strafe nicht dem Landesherrn lassen wollte, obwohl der Knecht Pleßenberg während des Gottesdienstes die Kirche verlassen hatte – ein Verhalten, das damals streng bestraft wurde.

Die Einstellung des Lüneburger Abts ergibt sich auch aus einem Vorfall, bei dem sich Adam Rademacher aus Bienenbüttel am 2. Dezember 1592 mit dem Knecht des Hans Schmidt sowie Hans Otte in der Wohnung des Amtsvogts geprügelt und jeder *der Abdey dafür 4. rthlr. Straff* zu geben hatte. Einem anderen Verzeichnis ist dagegen zu entnehmen, dass Rademacher und der Knecht je fünf Taler zu zahlen hatten, während Otte wegen Mithilfe mit „nur" einem Taler davon kam (2).

Am 25. September 1648 hatte der Bienenbütteler Amtsvogt eine Frau, die den eingeforderten Geleittaler nicht zahlen konnte, auf dem Vogteihof gefangen setzen lassen, doch konnte sie fliehen. Es wird berichtet, dass sie trotz der Hellen (Fußfessel) heimlich nach Grünhagen gelangt war, wo der Lüneburger Abt dafür sorgte, die *Hellen abschließen, und biß dato der Fürstlichen Vogtey Bienenbüttel nicht* restituiren lassen. Die Fußfesseln blieben demnach in Grünhagen. (5)

Der Bienenbütteler Amtsvogt hatte offenbar Probleme, Gefangene sicher zu verwahren.

So ist für das Jahr 1649 bekannt, dass erneut eine Gefangene zu fliehen vermochte. (6) Auf dem Meierhof des Christoph Köke war eine Liebelei des Knechts Andreas Kröger mit der Magd Marie nicht ohne Folgen geblieben. Der Bauer war seiner Pflicht nachgekommen und hatte den Vorfall dem Lüneburger Abt, seinem Gutsherrn, angezeigt. Dieser verurteilte den Übeltäter zur normalen Strafe von zehn Reichstalern und die Magd zu fünf Reichstalern sowie für den jeweiligen Geleitbrief der beiden zu einem Reichstaler. Doch der Bienenbütteler Amtsvogt erhob Anspruch auf die Geleittaler, jedoch zu Unrecht, da das „Vergehen" auf dem Meierhof vorgefallen war, auf dem nur der Abt zu richten hatte. Der Vogt blieb aber bei seiner Forderung. Er lud den Knecht vor, doch der folgte diesem Ansinnen nicht – danach auch nicht die Magd. Als nun die hochschwangere Magd an einem Sonntag die Kirche aufsuchte – *um sich mit Gott zu versöhnen* -, lauerten der Amtsvogt und der Steddorfer Untervogt ihr auf. Die Magd hatte gerade den Kirchhof betreten, als sie vom Vogt angerufen und zur Umkehr aufgefordert wurde. Auf dem Kirchhof besaß der Vogt ja keine Amtsgewalt. Doch kaum hatte die Magd die Straße betreten, packte sie der Untervogt, zerrte sie auf den gegenüberliegenden Vogteihof, stieß sie in das Backhaus und legte ihr große Hellen *so 12 Pfund Eisen gehabt, ihr um die Beine geschlossen* an. Es gelang der Magd, trotz ihres Zustandes und der Fußfesseln mit Hilfe des Knechts Andreas in der folgenden Nacht ins Freie und nach Grünhagen zu gelangen, wo sich der Abt aufhielt. Dort versuchte man vergeblich, die schweren Fußfesseln zu lösen. Vom Bienenbütteler Amtsvogt verlangte man die Schlüssel, doch der gab sie nicht heraus. So musste aus Lüneburg ein Schmied kommen, der die Eisenfessel durchfeilte – gerade rechtzeitig. Die Magd wurde in der Hirtenkote untergebracht, wo sie *in der folgenden Nacht genesen und also ihr Kind die Welt beschrien... .*

Auch für das Jahr 1650 wird berichtet, dass der Abt von St. Michaelis großmütig handelte: (5)
Johan Kehle und Trina Meyers, haben in Ao. 1650 in des Herren Pastorn *zu Bienenbüttel Kote unzucht verübet, und gebühren die Sende brüche* Seren.mo M.mo. *Der Herr Abt aber hat den* stupratorem *zu einem Knecht angenommen, und ihn solche straffe, an seinem Verdiensten lohn gekürtzet.*
In diesem Fall kam - entgegen den sonstigen Gepflogenheiten - das Amt in den Genuss der zu entrichtenden Strafe. Jedoch gibt das Vorgehen des Lüneburger Amts über dessen Gegensatz zur staatlichen Verwaltung hinreichend Auskunft.

Auf Dauer war ein solcher Zustand nicht tragbar. Die Situation verschärfte sich noch, als der Landesherr dazu überging, vermeintliche Rechte bei den 24-Abtei-Meiern durchzusetzen. Bei diesen Meiern handelte es sich um Hofstellen, die in den Ämtern Lüne, Medingen und auch Bodenteich gelegen waren und seit alters her dem Kloster St. Michaelis gehörten. Im Zuge der Reformation gelangten diese Höfe in die Verfügungsgewalt des

Landesfürsten, obgleich St. Michaelis weiterhin darauf bestand, die Nutzungen wie z.B. den Kornzehnten, die Zins- und Rauchhühner einzuziehen. Den Bemühungen des Amts Winsen, von diesen Abtei-Meiern auch Abgaben sowie Dienste zu fordern, trat das Kloster weiterhin energisch entgegen.

Das Amt Winsen vertrat dagegen im März 1640 die Auffassung, dass

*… Item wahr, daß sie (*d.h. die Abteimeier*) ebenmeßig unter das Ambt Winsen und der Voigtey Bienenbüttel,* Jurisdiction *und Bottmeßigkeit, zu Halß und Handt, wie man zu sagen pfleget, gehören, und sich, wan sie* delinqui*ren, fürm Fürstlichen Landtgericht auff der Voigtey Bienenbüttel, müßen straffen laßen.* (7)

Es kam dann zu einer teilweisen Regelung, da der Celler Herzog Christian am 15. Juni 1619 den Winsener Beamten bereits vorschrieb, dass *samtlichen wagen Leuthen :/ darunter dan* in specie *die 24 Meyer* quaestionis *mit gehörig :/ auff ein genandtes und gewißes Diensteld :/: so jährlich Zehn rthlr. sein /: gehandelt, und die Leuthe bey dem Dienstgelde, wie es Ihnen gesetzet verbleiben und dargegen mit dem würcklichen Diensten verschonet bleiben.*

Der Winsener Amtmann Kanstedt hatte versucht, von den betroffenen Abteimeiern das neue, höhere Dienstgeld einzufordern und sie überher zur Ableistung weiterer Dienste wie Zehntfuhren, Burgfest- und Jagddienste zu zwingen. Sollten die Meier diese Dienste nicht ausführen, wollte das Amt dafür von jedem Meier neun Taler erheben. (3) St. Michaelis verwies auf die Anordnung des Celler Herzogs, dass bei rechtzeitiger Zahlung des gewöhnlichen Dienstgeldes von den Abteimeiern *nichtsweniger die große Jacht, Zehendfuhren nothdurfftig Burgvest Dienste, und anders, wie … Von alters geschehen* verlangt werden durften. Dazu merkte das Kloster noch an, dass ihm *… mercklich daran gelegen, das solche alten und gemessenen Dienste nicht gesteigert werden, damit die Meyer der Abdey ihre KornPachte und gebürnüs* weiter entrichten und leisten konnten. Und – offenbar als Joker gedacht – wurde noch angeführt, dass *die Abdey auch insonderheit uff ihren Meyern= Leuthe und Gütern von den Römischen Kaysern und den Hochlöbl. Hertzogen zu Braunschweig und Lünebrg. …* privilegy*ret, und solche* privilegia *biß uff gegenwertige Zeit von Kayser zu Kayser so woll alß von dem itzigen Landes Fürsten* confirmi*ret, das nemblich die Abdey= Meyer zu keine ungewöhnlichen Diensten angehalten,*

56

gedrungen noch gezwungen, sondern bei alter gerechtigkeit und gewonheit gelassen werden sollen…

Das Amt Winsen war offensichtlich nicht zu beeindrucken. Dennoch suchten beide Seiten, trotz der 1639 begonnenen Prozesse in Verhandlungen eine Lösung zu finden. Dabei legte der Abt von St. Michaelis seine Auffassung dar, indem er darauf bestand, *Waß in den 4 Pfählen auf der Abdey Höffe* delinquir*et wäre ihm niemals streitig gemacht, wenn aber die Abdey Meyer sich mit Hrl.* (herrschaftlichen) *Leuthen geschlagen, gehöre es billig vors LandGericht, das er auch nicht streitte.* Schon für 1638 wurde festgehalten, dass der Abt in dem *Dorffe BienenBüttel und den 4 Pfählen der* Jurisdiction in civilibus *was nicht an Leib und Leben gehet* wahrnahm. Damit bestand das Kloster St. Michaelis nur noch auf der Ausübung der zivilen Gerichtsbarkeit für die ihm gehörenden Höfe und besonders in Bienenbüttel selbst. (8) Die Aburteilung von Strafsachen wurde offenbar in dem früher bestehenden Umfang nicht mehr beansprucht.

In diesem Zusammenhang kam es zu einer mehrtägigen Verhandlung, die nach dem erhaltenen Protokoll *auf der fürstl. Voigtey* in Bienenbüttel stattfand. (2)
Am 10. September 1651 hatten sich dort eingefunden der Großvogt Thomas Grote aus Celle – dessen Stellung mit der eines Premierministers vergleichbar ist – sowie der Hofrat J. Breigert, die beide der vom Herzog eingesetzten Kommission angehörten. Aus Lüneburg war der Abt des Klosters St. Michaelis, v. Bardeleben, in Begleitung des Rechtsbeistandes und Anwalts Dr. Ferber erschienen, dazu der Amtmann aus Winsen, der Amtsschreiber des Amts Medingen und die Vögte aus Pattensen, Amelinghausen, Bardowick und Garlstorf wie natürlich auch Amtsvogt Friesendorf, der für die Unterbringung der illustren Gäste zu sorgen hatte. Beide Seiten wiederholten die im Prozess mehrfach vorgetragenen Standpunkte. Dr. Ferber verwies für den Lüneburger Abt besonders darauf, dass in Bienenbüttel *…auch in den 4 Pfählen der* Jurisdiction in civilibus *waß nicht an leib und leben gehet, außerhalb der Heerstraßen, welche von Altersher ins Ambt Winsen gehöret, wie nun in solchen Höfen* delinquirt *worden, Schlägerey vorgefallen,* Stuprationes *geschehen, unzüchtige Weibsperson daselbst niederkommen, daher Sendebrüche und dergleichen*

Excesses *verübet, dieselben wehren von der Abdey gestraffet, die Brüche erhoben und geleits gegeben, der Vogt aber zu Bienbüttel hette gantz und gar solches* excessen *nicht bestraffen dürffen und nichts mehr dan die Heerstraßen zu beobachten gehabt, die übrige Hoheit und* Criminal Jurisdictio *aber gehörte zu die Goe Meding, inmaßen der Ambtschreiber zu Meding solche jura allewegen* exerciret.

Dazu trug der Lüneburger Anwalt einen Fall vor, bei dem der Bienenbütteler Amtsvogt die Beerdigung einer im Bereich des Amts Medingen aufgefundenen Leiche in Bienenbüttel veranlasst hatte. Als dieses Amt hiervon erfuhr, sorgte der Amtsschreiber dafür, dass der Tote *uf diesem Kirchhoff ... außgraben und nach Beuensen ... gebracht* wurde – ein starker Hinweis für die jeweilige Zuständigkeit. Weiter führte der Anwalt einen weiteren Vorfall an – und gab gleich die Antwort:
Item: *fraget den Vogt zu Binenb. warumb Er den ertödtlichen Kerl bei Harlings Koten nicht wegnehmen lassen ? Weill damit und sonst bewiesen, dass die Voigtey Binenb. in* criminalib: *außerhalb der Heerstraße nichts, sondern das Ambt Meding ... und die gantze feldmarck gestrafet habe.*

Als am 11. September 1651 die Verhandlung fortgesetzt wurde, legte das Amt Winsen großen Wert auf diese Feststellung:
An dem Vogtey hoffe gestünde man dem Hn. Abt nichts, wie gleichfals in der litis perdinentzen *der hoff wehre ein mahl* permutiret, *u das amt oder Vogt in 100jähriger* possession *... was für so vil Jahren geschehen sein mügte, in keiner* confideration, *dass Korn und Geld aber so der Abtey Jährlich davon gebürt, solte nach wie vor bezahlet und entrichtet werden.*
Diesem Vortrag widersprach sofort der Abt von St. Michaelis:
An der Vogtey hoffe hette sie (d.h. die Abtei) *den eigenthumb behalten, und hette dieses Vogts erster* antecessor *den hoff von der Abdey empfangen, dieser Vogt* (d.i. Friesendorf) *wehre dazu auch* requiret, *Er hette sich aber dessen verweigert, gestalt Er auch die ausrichtig bey Ziehung des Schmalzehenten zuthun* recufirt, *welches doch seine Vorfahren gethan, und dagegen den Schmalzehenten von diesen hofe inbehalten ...*
Auch zeigte die Lüneburger Delegation nochmals auf, dass *dies Dorff* (d.i. Bienenbüttel) *nebenst den umbliegenden Dörffern und feldmarcken in der*

Go Meding, wie sie es vulgär nennen, belegen war und der Bienenbütteler Amtsvogt dort keine Rechte ausüben konnte.

Dieser Hinweis veranlasste dann den Celler Großvogt, zusammen mit dem Medinger Amtsschreiber und Amtsvogt Friesendorf per Pferd am Nachmittag die Grenze der Bienenbütteler Feldmark, soweit diese der Gerichtsbarkeit unterworfen war, zu untersuchen. Der Ritt ging auf Wichmannsburg und das zwischen diesem Ort und Bienenbüttel gelegene Moor zu, dann an die Bargdorfer Feldmark, über den Mühlenbach – im Protokoll *Bargdorffer Bach* genannt – nach Steddorf und durch die Breezer Holzung nach Grünhagen. Überall wurden die Grenzmale der Schnede vorgefunden und als richtig festgestellt. Von Grünhagen ging es durch die Ilmenau in die *dowen Dieke* (Teiche bei Dieksbeck) bis kurz vor Hohnstorf an den *Tienenbach* (richtig: Vierenbach) und am *Königsberg* (heute wohl: Himmelsberg) vorbei bis an die Ilmenau bei Wichmannsburg. Dieser Lokaltermin führte dazu, dass der Großvogt Grote im Einvernehmen mit dem Winsener Amtmann zum Ergebnis kam, dass
das Jenige territorium*, so mit aller Zubehör an diese, also im vergißlicher maaßen beschriebene Schnede begriffen mit aller hoheit und gerechtigkeiten zur Vogtey Binenb. inskünfftig gehörig und gebührender maaßen von dem Vogt alhier und den Beamten zu Winsen beobachtet werden* sollte.

Der Abt von St. Michaelis hatte sich wegen einer Unpässlichkeit gegen Mittag des 11. September 1651 nach Grünhagen begeben und wurde am folgenden Tage von den oben dargestellten Überlegungen der herzoglichen Verwaltung unterrichtet. Nachdem ihm zugesichert wurde, dass mit der Überführung der Bienenbütteler Feldmark in die judikative Gewalt des Vogtes keine Beeinträchtigung seiner Rechte in der Gemarkung Grünhagen und des dort von ihm ausgeübten Blutgerichts stattfinden würde, fand er sich mit dieser Regelung ab. Dies sollte dennoch Folgen haben, denn die staatliche Verwaltung beharrte in einem späteren Zeitpunkt darauf, dass der
Abbas sich erkläret hat, dass er alle seine übrigen praetensionis *fallen lassen wolle, wenn ihm nur das* jus patronatis *und die* jurisdictio Civilis *in den 4 Pfählen Verbleibe....*

Dazu verpflichtete sich der Abt v. Bardeleben, der die Teilnehmer der Verhandlungen am 12. September 1651 zu einem Mittagsmahl nach Grünhagen eingeladen hatte, bei der dort weitergeführten Besprechung noch dazu,

… Seine leuthe von den LandGerichten, WolfsJagten und dergleichen zur Landfolge gehörigen Dienstleistungen nicht abzuhalten.

Der Celler Großvogt, der Bienenbüttel dann am 13. September verließ, und der Winsener Amtmann konnten mit dem erzielten Ergebnis zufrieden sein, war es doch gelungen, die Ausübung der Gerichtsbarkeit durch den Bienenbütteler Vogt auch auf die Feldmark dieses Dorfes auszudehnen, während das Kloster St. Michaelis letztlich auf seine ihm gehörigen Höfe beschränkt wurde.

Diese Regelung wurde dann in einer am 11. Mai 1652 für einzelne, strittige Angelegenheiten getroffenen ersten Übereinkunft festgeschrieben:

So ist folgendes remedium provisionale *getroffen worden, dass nemlich diejenige* Civil excess /: dann die Criminal *fälle dem Amt Winsen ohnstreitig zustehen :/ welche in den 4 Pfählen obbenannter 24 Meyern verübet worden... .*

Diesen Standpunk wiederholte das Amt Winsen noch 1713 und 1714, als es vortrug *...wie der Receß* de anno *1652 Klahr und deutlich enthalte, was gestalt die Jurisdictio Criminalis sowol in als außerhalb der 4 Pfähle dem Churfürstl: Ambte ohnstreitig zustehe...* Unter die Pfahlgerichtsbarkeit fallen Vorfälle, die sich nach ursprünglicher Ansicht innerhalb des Hauses, also der vier das Gebäude tragenden Pfähle (Pfosten) ereigneten. Später wurde darunter *der gantze Bezirck des Hoffes, so viel nemlich binnen Zauns, an Hoffstetten, garten und anderen plätzen begriffen und eingeschlossen* verstanden, mithin der umfriedete Besitz eines Hofes.

Somit führte ab 1652 das Amt Winsen – und im Bienenbütteler Bereich der Amtsvogt – die Verfolgung und Aburteilung der Straffälle durch, die sich in und außerhalb von Bienenbüttel oder auf den Hofstellen der 24-Abtei-Meier ereigneten. Dem Lüneburger Abt verblieb die Rechtsprechung in Zivilangelegenheiten auf den klostereigenen Höfen *innerhalb den 4. Pfählen.*

Die für die 24-Abtei-Meier getroffenen Regelungen wurden jedoch vom Amt in der Folgezeit nicht immer eingehalten.

Schon am 17. März 1653 war der Anwalt der Lüneburger Abtei bei dem Hofgericht in Celle vorstellig geworden und hatte um Vernehmung von Zeugen zu verschiedenen Punkten gebeten. (2) Es ging dabei um die Feststellung, dass der Abtei St. Michaelis seit über hundert Jahren das Recht zustand, auf ihren Höfen vorgefallene Zivilstreitigkeiten zu verfolgen und ihr die sogenannten Hurenbrüche (Geldstrafe für Unzucht) nebst Geleittaler sowie Strafen wegen Schlägereien und Beleidigungen zustanden. Dazu wurde zur besonderen Anhörung angeführt:

In spec *ist wahr das Christoff Koke vor seinen Knecht Andreas straffe entrichtet an die Abtey, Imgleichen Viet Meyers Sohn Huren Brüche:* Item *Hinrich Meyers Knecht Jobst Sander, so sich mit der Magdt uff dem Hoeffe geschlagen straffe an die Abdey erlegt So hat auch Christoff Hartig Schwester, So sich uff dem Hoffe schwengern lassen, der Abtey die huren Brüche erlegt.*

Als Zeugen wurden benannt: Christoph Koke (Köke), Viedt Meyer, Tewes Schröder, Jobst Meyer, die aus Bienenbüttel stammten, dann Michel Schulenburg, Hinrich Meier und Hinrich Otte.

1652 und danach beharrte das Kloster St. Michaelis für die ihm gehörigen Hofstellen weiter darauf, dass dem Bienenbütteler Vogt *nicht die Haußpfändung, wann daselbsten im Dorffe* (Bienenbüttel)*, Dieberey, wie auch auf den Coßaten Hoefen Schlägerey vorgehen,* respective *die* visitation *und nach befindung, die bestraffung* zustand. (5) Bereits um 1645 hatte das Kloster darauf hingewiesen, dass schon in früheren Jahren der Bienenbütteler Amtsvogt nicht berechtigt war, verfolgte Missetäter auf einem zu St. Michaelis gehörenden Hof ohne Erlaubnis des Abts festzunehmen. Das Amt Winsen kümmerte sich augenscheinlich nicht um diese Standpunkte, da es festhielt: *Inmittelst bleibt es dabey, dass der* Receß (von 1652) *deutlich ergebe, wasgestalt die* Criminal Jurisdiction *sowohl in als außerhalb der 4 Pfähle dem Closter nicht, sondern dagegen den Churstfürstl. Ambte zustehe… .*

Der Bienenbütteler Vogt strebte danach, auch die Abteimeier zur Ableistung weiterer Dienste heranzuziehen.

Als 1669 der Amtsvogt von dem in Bienenbüttel wohnenden Kötner Dietrich Meyer verlangte, dass dieser die Kriegerfuhren ausführen sollte, griff das Kloster St. Michaelis ein. Der Amtmann in Winsen wurde von diesem Ansinnen unterrichtet und darauf hingewiesen, dass der dem Kloster unterstehende Kötner zu solchen Diensten nicht verpflichtet wäre. Das Amt prüfte diesen Vorfall und bestätigte letztlich die Auffassung des Lüneburger Abts, bestand aber darauf, dass auch ein *Kötener welcher Pferde hat eine Fuhre abstatten müße* – das Amt ihn jedoch entlohnen musste.

Nach einer anderen Notiz des Klosters St. Michaelis vom 18. Juli 1670 (2) sollte der in Holtorf (bei Betzendorf) ansässige Meier *zu Burgfeste und Jagt Diensten gezogen* werden, dazu der Kirchenmeier und fünf Kötner in Neetze *zu Steinfuhren nach Lüneburgk, auch zu Jagtdiensten.* Von zwei Bauern in Häcklingen (bei Lüneburg) verlangte der Amtsvogt die Ableistung der Burgfestdienste und von Steinfuhren. Auf der Amtsstube des Klosters wurden die Betroffenen – wie auch weitere Zeugen – vernommen, die sämtlich aussagten, dass sie die verlangten Dienste nicht zu verrichten hätten. Dabei wurde festgehalten, dass die Abteimeier *ihre gewisse und gemessene Dienste von Alters haben, also und dergestalt, das Sie Jährlich nur ein mahl bei Grase, und ein mahl bei Stroh dienen…* Zu weiteren Arbeiten waren sie demnach nicht verpflichtet. Dennoch wurden 1711 die Bienenbütteler Abteimeier zu einer Geldstrafe durch das Amt verurteilt, da
Henrich Köke von Srmi. Elect. Suite *und* Bagage *fuhr mit 1 Pferd ausgeblieben;* betroffen waren weiter Jürgen Meyer und Hanß Meyer. (9) Die Genannten hatten doch die Stirn besessen, für das Gefolge des Landesherrn und dessen Gepäck keine Fuhren mit ihren Pferdegespannen durchführen zu wollen.

Öffentliche Verhandlung eines ländlichen Niedergerichts

Auch bei der Ausübung der Rechtsprechung, selbst in Bagatellfällen, kam es mit dem Bienenbütteler Amtsvogt weiterhin zu Differenzen.

Am 28. Januar 1671 beschwerten sich Adam Meyer, ein Kötner, und Peter Bruns, ein Hofbesitzer, beide aus Bienenbüttel, über den Vogt. (3) Dieser hatte Adam Meyer mit drei Talern Strafe belegt, weil Meyer ein Jahr zuvor *... zu lange hochzeit :/: die iedoch über 3 und 4 tagen nicht gewahrt gefeiert* haben sollte. Meyer trug noch vor, dass er *3 Rthlr: geleits = geld* zahlen sollte, er dafür aber keinen Grund wusste: *...weil ich wißentlich nichts böses begangen, noch von keinem orth entwichen: sonders allhir zu Bienebüttel gebohren und erzogen bin....*

Bereits die Polizeiordnung des Celler Herzogs aus dem Jahre 1618 schrieb vor, dass zu ländlichen Hochzeiten nicht mehr als *dreyßig Manns= und Frauens=Personen* eingeladen und zur Feier, die zwei Tage nicht überschreiten durfte, pro Tag nicht mehr als *drey Essen, ohne Butter und Käse aufgetragen und gespeiset* wurden durften.

Bruns, dem vorgeworfen wurde, *über einen tag Kindtauff gehalten* zu haben, sollte für diesen Verstoß 4 ½ Taler entrichten. Außerdem forderte der Amtsvogt von Bruns die Zahlung der Kontribution mit 3 ½ Talern, obgleich sein Hof mit anderen Meierhöfen nicht zu vergleichen wäre. Er hatte nur *wenig Land und Gerechtigkeit, auch keine Boten= oder Hofedienste* zu entrichten, sodass die von ihm geforderte Kontribution nicht aufzubringen wäre.
Beide baten das Kloster St. Michaelis, bei dem Amt Winsen vorstellig zu werden, damit der Amtsvogt von seinen Forderungen abließ.

Die seit Jahrzehnten am Celler Hofgericht anhängigen Klagen veranlassten den Anwalt des Klosters St. Michaelis dazu, am 4. März 1701 dem Hofgericht ein umfangreiches Memorandum zukommen zu lassen. (10) Darin wurde auf die mehrfach angeführten Urkunden von 1238 und 1310 verwiesen sowie darauf, dass auch die Herzöge *Otto undt Ernestus in an. 1524 alle Privilegia, Gnad= und freyheiten,, welche die Abtey und das Kloster ... erlanget, ausdrücklichen* confirm*et und* bestättiget*, ja auch noch dahin, solche gnädiglich zu verbeßern u. nicht zu vermindern versprochen.*
Als entscheidendes Argument brachte der Anwalt dann ein Privileg des Kaisers Sigismund ein, nach welchem *des Klosters GuhtsLeüte von der* Jurisdiction *derer Beambte befreyet und* eximir*et worden sind.* Jedoch nicht genug - der Anwalt legte umständlich dar, dass Kaiser Sigismund damit lediglich eine bereits von Otto dem Großen im Jahre 937 gegebene Bestätigung wiederholt hatte. Er folgerte abschließend:
...So fließet daher mit unumbstößlichem Schlusse, daß die vor allegirte worte des Privilegio Sigismundi *... keinen anderen, alß diesen Verstand haben können =*
   Daß keine andere Obrigkeitliche persohn sich über des Klosters Leüte und Güter einiger Jurisdiction *oder Bestrafung anmassen solle.*

1704 kam es dazu, dass Kaiser Leopold I. nochmals eine umfangreiche Anhörung von Einwohnern aus Bienenbüttel und den umliegenden Orten anordnete. Im Grunde wurden dann bei der durch den Notar Georg Ludolph durchgeführten Befragung die bereits 1647 vorgetragenen Ansichten überprüft und bekräftigt.

Auch das Kloster St. Michaelis ließ mehrmals Einwohner aus Bienenbüttel und Beverbeck vernehmen, (2) um seine und die Zuständigkeit des Amts Winsen zu ermitteln.

Ein Protokoll zu Beginn des Jahres 1710 enthält diese Aussage:

Cathrina Scheelen Wittwe Gerstenkorns aus Bienbüttel, über 70 jahr alt, eine frau bey völlig guten Verstande, wurde befraget, was ihr von den Jurisdictionaliis und Gerichten bewust ? Responirte darauff daß Sie nicht anders wisse, als das Sie mit Gericht undt Rechte nach dem Closter St. Mich: in Lüneburg gehöre undt hette Sie solches nicht allein Von ihren Eltern gehört, sondern auch selbst durch Viele Speciae Begebenheiten erfahren...

Hinrich Köke (auch Köcke), ein Meier aus Bienenbüttel, bestätigte die Aussage der Witwe Gerstenkorn und ergänzte noch, dass auch seine Eltern und Vorfahren es so gehalten hätten wie er selbst *...da Er nun fast 30 jahr Wirth...* .

Die beiden Beverbecker Jürgen Meyer und Hans Meyer sagten übereinstimmend aus, dass ihre Höfe dem Kloster gehörten und sie nach dort die Abgaben zu leisten hätten.

Bei einer weiteren Anhörung am 24. März 1710 erklärte Hinrich Köke, dass St. Michaelis bei Schlägereien und Beleidigungen die Vorfälle aburteilte und auch die Strafen einzog – wie es auch ihn getroffen hatte: *...solches were allemahl geschehen, und hette In selbst zum Öftern mit Betroffen, wie Er sich in ao: 1694 mit Bauschen gescholten, nachhero auch mit Pollmeyern geschlagen und einige Zeit Hernach mit Gerstenkorn gescholten, undt griffken ein Schwein Zu tode geschlagen, des gleichen were Er auch Bey dem Closter angeklaget, wie der UnterVoigdt von Steddorf Letzhin Begraben worden, undt Er mit gangen u. von dem AmbtsVoigdt daselbst was Hart auff den KirchHofe geredet.*

Somit stellte Köke klar, dass St. Michaelis weiterhin Beleidigungen und Schlägereien und wie bei dem Bauern Griffke die Abschlachtung eines Schweines verfolgte. Sogar die Teilnahme des Köke an der Beerdigung des Steddorfer Untervogts, bei der es offenbar zu einem Disput mit dem Bienenbütteler Amtsvogt gekommen war, stieß auf das Missfallen des Lüneburger Klosters.

Dass es auch Fremde traf, sofern diese auf den klösterlichen Höfen straffällig wurden, wurde von Köke bestätigt:

... Er were ja noch neülich als Collman von Edendorf sich mit dem Feldtscheer Hartmann aus Medingen in Depon: *Hoffe geschlagen, die Sache Bey dem Closter gerichtet undt Bestraffet worden, desgleichen were auch der Fuhrmann Meineke aus Ültzen, wie Er sich mit Bauschen in den Harlingschen Krug geschlagen, Bey dem Closter Bestraffet worden.*

Auch die Witwe Gerstenkorn sagte bei vorgefallenen Schlägereien zu Gunsten des Klosters aus:

... was geklaget worden were ans Closter kommen, erZehlet in spec *dass wie Köcken Vater und Tewes Gotteshaus* annum *1656 sich zu sammen geschlagen, were die Sache ans Closter geklaget undt daselbst Bestraffet worden.*
Deßgleichen wie daZumahl auch zwischen einem Nahmens Hanß Gerstenkorn so in der Harlingischen Krug Kohte gewohnet, undt den Müller zu Bienbüttel Hanß Mein Schlägerey vorgangen, were die Straffe ans Closter kommen.

Bei der Anhörung zeigte sich Hinrich Köke gut informiert, da er den Bestand der Abteimeier kannte. Nach seiner Aussage gab es allein in Bienenbüttel drei Höfe, in Beverbeck zwei und in Rieste einen Hof.
Für Rieste steht die Aussage des Köke im Widerspruch zu Angaben in verschiedenen Registern. Nach 1685 hatte das Kloster St. Michaelis aufgelistet, welche Abgaben diese Abteimeier an das Amt Winsen bzw. nach St. Michaelis zu leisten hatten.

Danach zog das Amt in Bienenbüttel von

1. Hinrich Köke (Köcke) olim Peter Behre ct. Christoff Köcke:
10 Taler Dienstgeld, 1 Taler 15 Schillinge Pfennigzins, 9 gute Groschen (ggr.) für Burgfestdienste, 5 ggr. für Rauchhühner, 3 ggr. 4 Pfennige für Eier sowie 1 Taler 6 ggr. an *Krug Geldt*, da Köcke einen Gasthof hatte. Bei einem Wechsel des Hauswirts waren dazu 6 Taler *Weinkauff* zu entrichten. Dagegen standen dem Kloster zwei Wichhimten Roggen, ein Rauchhuhn und 1 Schilling 8 Pfennig Zinsgeld zu.

2. Heinrich Gerstenkorn it. Lütke Appel – wie Köke ein Vollhof -
die gleichen Beträge bei dem Dienstgeld, Pfennigzins, den Burgfestdiensten, Rauchhühnern und Eiern, beim Weinkauf jedoch nur 5 Taler. Auch hier erhielt das Kloster zwei Wichhimten Roggen und ein Rauchhuhn.

3. Ludolf Niebuhr olim Johan Gerstenkorn (Halbhof)
3 Taler Dienstgeld, 1 Taler 15 Schillinge Pfennigzins, 9 ggr. Burgfestdienste, 5 ggr. für Rauchhühner, 3 ggr. 4 Pfennige für Eier und 8 ggr. Kruggeld.
Das Kloster erhielt von diesem Hof, auf dem nach einem anderen Register zuvor Fritz Scheele saß, keine Abgaben.

4. Vom Amts Voigtey – ein Vollhof – musste an das Amt nichts gegeben werden, dafür an das Kloster zwei Wichhimten Roggen und zwei Rauch-hühner.

In Beverbeck waren zwei Vollhöfe betroffen. Deren Abteimeier Heinrich Meyer und Hanß Meyer hatten jeweils als Abgaben aufzubringen: 10 Taler Dienstgeld, 2 Taler 16 Schillinge Pfennigzins, 9 ggr. Burgfestdienste, 5 ggr. für Rauchhühner und 1 Schilling 8 Pfennig für Eier sowie beim Weinkauf je 3 Taler an das Amt, während an das Kloster zwei Wichhimten Roggen und ein Rauchhuhn abzuliefern waren. In anderen Registern wurden auch die früheren Besitzer Jobst Meyer bzw. Bestmeyer und Thomas Meyer aufgeführt.

In Rieste saßen als Abteimeier auf zwei Vollhöfen Hanß Meyer olim Marten Meyer und Hanß Radenmacher. Sie hatten jeweils zu leisten 10 Taler

Dienstgeld, 3 Taler 30 Schillinge 3 Pfennige Pfennigzins, 7 ggr. 6 Pfennige für Rauchhühner und vier in Natur sowie 3 ggr. 4 Pfennige für Eier oder 30 Stück an das Amt Winsen, dazu zwei Wichhimten Roggen und zwei Rauchhühner an das Kloster. Von einer wüsten Hofstelle gaben beide noch einen Wichhimten Roggen und ein Rauchhuhn nach St. Michaelis. Weiter wurde noch bemerkt:

Der Meyer Hoff und rademachers Hoff sindt in alten Zeiten 3 Höffen gewesen, undt ist einer, welcher anfangs wüst geworden, diesen beed(en) incorporiret, derowegen Sie nun für 2 Höffe stehen.

Einem weiteren Register ist zu entnehmen, dass das Kloster zu anderen Zeiten als Leistungen erhielt:

Weill die Gebäude auff diesen Höffen abgebrandt, als ist die Länderey nachgesetzten dreyen Männern ausgethan undt entrichten dieselben den Zinß wie folget:

Jacob Harms Ein Medinger Mann 2 Wichh: Rocken 2 Hüner
Peter Koch Ein Bleckeder Man 2 Wichh: Rocken 2 Hüner
Christoff Stegen Ambts Bleckede 2 Wichh: Rocken 2 Hüner.

Man kann diese Abgaben nach heutigem Verständnis als Pacht betrachten.

Die Vereinbarung von 1652 hatte offenbar zu Überlegungen geführt, durch einen umfassenden Vergleich den Prozess zu beenden. Dabei waren auch die finanziellen Aspekte zu berücksichtigen. In Lüneburg hielt man – wohl 1654 - dazu vorsorglich fest: (11)

Wann nun Zwischen dem Kloster St. Michaelis und der Voigdtey Bienenbüttel ein Vergleich wegen der 24 Abdey Meyer auffgerichtet werden sollte, wodurch alle streitkeiten auffgehoben werden sollten, So müste Erstl. Die Voigdtey Bienenbüttel folgende Geldt abgifften auß denen folgenden 14 Höfen ... für sich behalten als
Beverbeck auß 2 Höfen

Jochim Molman	*an Gelde*	13 RThlr. 23 sh.				
	Vor 2 Hüner à 2 ß	-	„	4	„	
	Vor 10 Eyer à Schock 8 ß	-	„	1	„	4 Pfg.

Für *Jochim Bukenthal* fielen die Abgaben in gleicher Höhe an.

In Bienenbüttel waren drei Höfe betroffen. *Köke* und *Lutke Appel* nunc *Gerstenkorn* wurden mit je 11 Talern 15 Schillinge Geldabgabe, 4 Schillinge für zwei Hühner und 2 Schillinge 8 Pfennige für zwanzig Eier angeführt, während *Fritz Scheele* an Geld 4 Taler 15 Schillinge und die übrigen Leistungen aufzubringen hatte.

Die beiden wüsten Höfen in Rieste – *Meier* und *Rademacher* – stufte das Kloster ein mit jeweils 13 Taler 29 Schillinge 6 Pfennig Geldabgabe, 8 Schillinge für vier Hühner und 4 Schillinge für 30 Eier.

In dem seit mehreren Jahrzehnten anhängigen Prozess trug auch das Amt Winsen seinen Standpunkt des Öfteren vor. So ist einem Memorandum vom 12. Juli 1713 zu entnehmen, dass nach dem *Receß* de Ao 1652 in Strafsachen *was außer den 4. Pfählen in Bienenbüttel, oder sonst, dem Kloster zu Lüneburg abgesprochen* und alle Gebühren dem Amt zugewiesen worden waren. Bei Zivilstreitigkeiten gab das Amt zu, dass das Kloster auf seine Ansprüche bei der Pfahlgerichtsbarkeit nicht verzichtet hatte und es daher die Brüche einfordern konnte *biß durch ordentlichen* Proceß *solcher* passus *nachhero beßer außgeführet werden möchte* – das Amt verwies also auf den Ausgang der anhängigen Prozesse.

Der Anwalt des Amts Winsen reichte noch eine Schrift vom 3. September 1714 bei dem Celler Hofgericht ein, in der es u.a. hieß:
... Weil in außen bemerkter Sache schon soviel geschrieben ist, dass man fast nichts weiß, was man weiter schreiben soll; so kann anwald in der Beantwortung ... ganz Kurtz seyn ... Er fuhr dann fort, dass die vom Kloster St. Michaelis behaupteten Privilegien sich nicht einwandfrei aus den alten Dokumenten ergeben und falls doch ... *ist aber auch zugleich diesseits Bekannt, wie dieselben wo nicht ingesamt, doch größesten theilß durch die Zeit und dass das Closter Sie beyZubehalten nicht besorgt gewesen derogestalt verlohren gangen dass auch schon durch etzliche Secula sich keine Nachricht findet, dass das Closter* privilegia *sich sollte Zugemaßet habe.* Nach seinem weiteren Vortrag waren lediglich Hinweise dahin zu finden, *... als der bloßen PfahlGerichte Meldung thun, von es in denenselben heist:*
omne jus et Judicium omne in bonis, Curiis Casis ctg. Villis, quas habet in Bienenbüttel etc.

wodurch nicht woll etwas anders als eine jurisdictio particularis, ad certo loco specialia restricta *welche wir heute zu Tage die Zaun oder Pfahl= Gerichte nennen kann verstanden werden ...*

Dennoch könne das Kloster auf seinen Höfen in Straffällen die Pfahlgerichtsbarkeit nicht in Anspruch nehmen, da die Herzöge ... *die* Jurisdictionem universalem *oder die Straßen= Gerichte sich reserveriet haben ...*

Der Anwalt des Amts Winsen vertrat also die Ansicht, dass dem Landesherrn alle Rechte und damit auch die – stets vorbehaltene - Rechtsprechung, auf den Gütern, Höfen und in den Häusern auch in Bienenbüttel uneingeschränkt zustanden.

Das Kloster St. Michaelis war natürlich anderer Ansicht und unterstrich im Dezember 1714 in einem Memorandum besonders die ständige Ausübung der Pfahlgerichtsbarkeit. Diesem Standpunkt folgte das Gericht, da der Lüneburger Abt bestätigt wurde. Das Amt Winsen ließ offenbar nicht locker und monierte die getroffene Entscheidung. Es wurde aber vom nunmehr eingerichteten Ober-Appellations-Gericht in Celle mit einem Bescheid vom 9. Mai 1716 unwirsch abgewiesen. Es heißt darin:

... Demnach nunmehro die von Unserm Ambte Winsen an der Luhe .. in puncto Jurisdictionis *über die sogenante 24. Abtey= Meyere eingebrachte* Gravamina Apellationis *erwogen...,* solche Gravamina *aber gantz unerheblich befunden; so werden die Acta vor beschlossen angenommen und ... zu Recht erkant, daß von dem Richter voriger Instanze wohl gesprochen, übel davon* appelli*ret, und es demnach bey deßen Spruch zulassen ...*

Damit waren die Kompetenzstreitigkeiten jedoch nicht beendet. Das Amt Winsen verfolgte seine Ansichten weiter. Zugute kam ihm, dass das Kloster St. Michaelis nicht nur mit dem Amt Winsen wegen der Zuständigkeitsfragen Klage führte, sondern auch mit den Ämtern Medingen und Lüne. (10) Das Amt Winsen erklärte im Zusammenhang mit dem Prozess des Klosters gegen das Amt Medingen:

... Anlangend aber die Closter Leute zu Bienenbüttel; so ist gleichergestalt gantz ohnstreitig, dass solcherhalben in Causa *des Closters Kl. wieder das Ambt Medingen Bekl. und die Ämbter Winsen und Lühne Intervenienten in* puncto Jurisdictionis lis pendens *sey. Denn es hat das Closter in solcher*

Sache sich neuhest bemühet, die Gerichte über Bienenbüttel zu behaupten, hat seine bisher so viel gerühmte Diplomata *jedoch nur in* copia produc*iret.*

Der Anwalt des Amts bezog sich offenbar auf ein vom Kloster erstelltes Verzeichnis der 24-Abteimeier, in dem es für Bienenbüttel hieß:
„Alle hieselbst Eingeseßenen ohne des eins oben im Dorffe wohnende Köthner Heinrich Michel Sivers, gehören an das Closter St. Mich. In Lüneburg, nemlich

Johan Ludolf Brun, *olim* Köke	Ein 24 Abtey Meyer
Christian Gerstenkorn	- Ein 24 Abtey Meyer
Hans Heinrich Neüstadt	
Ernst Meyer	
Hanß Heinrich bauschen	
Siemon Müller	
Menckelg. *olim* Schönebeck oder Pollmeyer	
Hanß Jürgen Grüter	
der Harlingsche Krüger	
Claus Burmeister	*feudi nomine*
undt der Harlingsche Müller	
Hanß Rave *olim* Vestenower	

    Des Ambts Voigdts Hoftstädte, wovon dem Closter järlich Dienst undt Hüner Geldt wie auch Zinskorn mus gegeben werden.“

Weiter war dem Vortrag des Klosters St. Michaelis ein Auszug aus Protokollbüchern beigefügt, mit dem die vom Kloster verfolgten Straffälle, aber auch bürgerliche Schuldstreitigkeiten aus den Jahren 1592 bis 1716 aufgezeigt wurden. Es sollen hier nur einige Vorfälle - bei denen auch der Amtsvogt betroffen war - angegeben werden, um den Umfang der vom Kloster beanspruchten Gerichtsbarkeit zu dokumentieren.

1634 hatte ein Peter Hoyer aus Niendorf den Jobst Meyer aus Beverbeck in *des Voigts Hause zu Bienbüttel mit der Kanne geschlagen, und beynahe das Auge aus dem Kopff geworffen.* Das Kloster forderte Hoyer auf, *bey hiesiger abtey sich anzufinden oder gewärtig zu sein, dass Er vom Kirchhoffe wegenommen und zu gefänglicher Hafft gebracht würde.* Kam Hoyer also der Vorladung nicht nach, wollte man ihn beim Kirchgang – der ja eine

Pflicht war – verhaften. Dargelegt wurde damit, dass das Kloster auch Straftaten verfolgte, die im Haus des Amtsvogts begangen wurden. Dies galt im gleichen Jahr auch für Hakenschneider aus Steddorf und Gause von Winsen, *die sich in des Voigdts Hauß geschlagen und Straffe erleget* hatten, und zwar an St. Michaelis.

1646 hatte der *Voigdt zu Bienbüttel Georg Friesendorff dem Meyer Christoph Köken ein Kuhrindt deswegen wegnemen laßen, weil Er nicht ... dem Begehren, Sandt zum Steinewege fahren wollen, welches nachher Hoffe geklaget und die Kuh* restitui*ret worden.* Der Vogt Friesendorf hatte Köke aufgegeben, Sandfuhren für den Ausbau des mit Steinen zu befestigenden Weges zu erledigen. Auf dessen Weigerung war ihm eine Kuh gepfändet worden, die erst nach einer Intervention bei dem Herzog zurückgegeben wurde.

Ein weiterer Vorfall führte ebenfalls zu Vorstellungen bei dem Herzog, da *gedachter Voigdt, wie einen fuhrman bey nächtlicher Weile eine Tonne Hering vom Wagen gestohlen worden, sich unterstanden, durchgehends Haußsuchung thun zu laßen, und die Ottische nebst andere sich darüber beschweret, hat ein Knecht von Bostell dieselbe blutrünstig geschlagen, wogegen durch* notarien *und Zeügen protestiret worden.* Das Kloster wandte sich somit gegen die vom Amtsvogt bei seinen Leuten veranlasste Haus-durchsuchung, in deren Verlauf die Widerstrebenden von einem aus Hohenbostel stammenden Knecht des Vogts blutig geschlagen wurden – doch recht raue Sitten.

1652 musste der Winsener Amtmann den Bienenbütteler Vogt anweisen, diejenigen Pfänder zurück zu geben, *so Er Köken und Rademachern weggenommen*, da diese ihren Pflichten nachgekommen waren.

Für 1698 ist festgehalten, dass *Johan Hinrich Pollemeyers Knecht Claus dass Er seinen Nebenknecht Jürgen Wiesen mit den Dröschflegel auff der Dreschdehl in seines Wirths Hauß geschlagen, dass Er davon zur Erde gesuncken, und eine Ohnmacht bekomen, hat dem hiesigen Closter 2 Rthlr. Straffe und des Artzlohn bezahlet.* Damit verdeutlichte das Kloster, dass es nach wie vor Vorfälle auf Höfen der ihm unterstehenden Leute aufgriff.

Obwohl das Amt Winsen in Celle mehrfach darauf hingewiesen hatte, dass dem Kloster St. Michaelis die Gerichtsbarkeit in Bienenbüttel nicht zustand, konnte dieses im Jahre 1705 vermerken:

Klaget der AmbtsVoigdt, daß Heinrich Köke für die in Gebrauch habende Bullenwische der Gemeine einen Bullen halten muste, weil Er aber solches nicht gethan, müste Er für die Wische 3 jährige Miethe als 12 Pfg. bezahlen, welches Er nicht thun wollte.

Weil nun Bekl: dawieder nicht erhebliches einzubringen gewust Ist erkandt dass Er das Wisch Geld bezahlen solte.

Dieser Vorfall ist delikat – hatte doch der Amtsvogt bei dem Kloster St. Michaelis um Entscheidung dieses Streitfalles nachgesucht. Köke war der Vereinbarung nicht nachgekommen, für die Gemeinde Bienenbüttel auf seine Kosten einen Bullen als Gegenleistung für die Nutzung der „Bullenwiese" zu halten. Der Amtsvogt konnte offenbar diese Vereinbarung nicht durchsetzen und musste daher die Hilfe des Klosters in Anspruch nehmen.

Köke war augenscheinlich ein schwieriger Mensch, da weiterhin fest-gehalten wurde: *Hinrich Köke wird wegen verschiedener Verbrechen und Ungehorsahmes ins Gefängnis geleget. Daß Er aber dem Ambts Voigdt in seinem Hauße allerhand* molestie *veruhrsachet in 2 Rtlr. Straffe* condemni*ret.*

Aber auch familieninterne Vorfälle wurden von St. Michaelis verfolgt. So wird 1713 eine Klage einer Elisabeth Meyer aus Bienenbüttel erwähnt, …
daß ihr Bruder Sie so übel tractir*et, mit einem dicken Strick ümb die Rippen geschlagen und blutig ins Gesicht gekratzet, sind* partes *vorgefordert, und soll Bekl: nach Klagl: geführten genugsahmen Beweis zur Straffe gesetzet werden.*

Für 1716 wird noch festgehalten, dass nicht der Amtsvogt in Bienenbüttel; sondern das Kloster den *Hanß Jürgen Griffke, welcher daselbst ein Mensch geschwängert, … nach der* pollicey *Ordnung in 15 Rtlr. Straffe condemni*ret hatte.

St. Michaelis berief sich im Zusammenhang mit den anhängigen Prozessen auch darauf, dass in der sogenannten *Frede-Sate* von 1392, eine Vereinbarung der Herzöge mit den Landständen im Fürstentum Lüneburg, das Privileg bestätigt worden wäre, dass den *Praelaten und Vasallen die erste instantz über ihre Leüte bestätiget* wurde. Auch hätten die Landtagsabschiede von 1682 und 1695 insoweit keine Änderungen gebracht. Damit wandte sich St. Michaelis gegen Bestrebungen der Celler Herzöge, die im 16. Jahrhundert begonnen hatten, durch eine Neuorganisation der Verwaltung hinderliche Privilegien der Landstände abzubauen.

Das Amt Winsen hielt daher in einer Anfang 1718 erstellten Zusammenfassung fest, dass über einen Zeitraum von mehr als vierzig Jahren die Abteimeier des Klosters *ohne unterschiedt Vor Gerichte gestanden, es mögen dieselben wegen einer Schuldt=Forderung oder Wegen eines Verbrechens Bestrafen* zu sein, und zwar durch das Amt Winsen oder die Vogtei. Die zu entrichtenden Gerichtsbrüche wurden dann auch bei der Vogtei bezahlt. Geschah dies nicht zeitgerecht, so wurde ... *die execution vom Ambte Verhänget....* Dazu führte das Amt an, dass auch Fremde, die auf den Höfen der Abteimeier straffällig wurden, *gleichfalls durch liebe lange Jahre, und so lange Zeuge gedencken kan bey dem Ambte und der Vogtei Vor Gericht gestanden* hatten. Auch widersprach das Amt, dass das Kloster St. Michaelis ihm die Ausübung des Gerichts über die Abteimeier streitig gemacht hätte und führte hierzu einige Vorfälle an. So könnten Zeugen bestätigen, dass *Hanß Schmidt 7 rthlr. Straffe vor einigen Jahren ans Ambt erleget, weil er sich in des Abdey=Meyrers Hause zu Stettorff geschlagen.* Wichtig war dem Amt, dass Missetäter *von dem Voigt ans Ambt* cit*iret* wurden, das St. Michaelis – Kloster hiergegen nicht protestiert hatte und die Leute auch vor dem Landgericht erschienen waren.

Als Zeugen für die vom Amt Winsen vertretene Auffassung wurden benannt aus –in damaliger Schreibweise -
1. Steddorf
Hanß Hüfner, Claus Meyer, Jacob Stegen und Jürgen Schulze

2. Hohenbostel
Hanß BurMeister, Peter Wiese, Jürgen Carsten Moritz und Hennrich HanckeMeyer

3. Bienenbüttel

Adam Meyer (dessen Alter mit 91 Jahren angegeben wurde), Gerstenkorns Wittwe, die Abtei-Meier Hanß Hartig, Hanß Meyer, Hinrich Meyer, Johann Meyer und Baltzer Otto sowie noch Hanß Schröder als *ut antecedens*.

Unter dem 31. August 1718 benannte der Bienenbütteler Amtsvogt noch drei weitere Zeugen, nämlich Christian Gerstenkorn und Jobst Bocken, beide aus Bienenbüttel, sowie den Abtei-Meier Johann Schumacher in Neetze.

Als einen besonderen Punkt führte das Amt Winsen noch an, dass das von den Höfen der Abteimeier zu entrichtende Schutzgeld stets an das Amt gezahlt worden war. Das Schutzgeld wurde von Häuslingen, nach heutiger Auffassung Tagelöhner, erhoben, die ohne eigenen Grundbesitz auf den Hofstellen wohnten - meistens in Katen. Für den ihnen gewährten Schutz durch die Landesherrschaft war ein Jahrgeld zu entrichten. So fielen in einigen Orten des Bienenbütteler Gebietes nach den Geldregistern an:
1660.
Jürgen Gerstenkorn in Bienenbüttel und Marten Lindemanns Frau in Beverbeck mit jeweils zwei Mariengroschen (mgr.);
1661 kam in Beverbeck noch eine Magdalene Lindemann mit 1 mgr. hinzu.
1664
hatten in Bienenbüttel Jürgen Gerstenkorn, Beeke Krancken und Mette Schultze, die als alt und arm bezeichnet wurde, jeweils einen Reichstaler zu entrichten wie auch Peter Meyer in Beverbeck – eine erhebliche Steigerung, gingen doch auf einen Taler 36 mgr.
Die Höhe des Schutzgeldes von einem Taler änderte sich bis 1683 nicht.
1670
zahlten Peter Meyer aus Beverbeck sowie Jürgen Gerstenkorn und Margarethe Wiegels aus Bienenbüttel diesen Betrag.
1673 wie 1676
wurden Peter Meyer, Beverbeck, und Tewes Lindloff, Bienenbüttel, angeführt, während im Jahre 1674 in Bienenbüttel ein Carsten Luthe erschien. Peter Meyer starb wohl im Jahre 1678, da 1679 und 1680 in Beverbeck *Peter Meyers Frau* notiert wurde.
In Bienenbüttel zahlten

1681

Hans Steins und

1682 *Ulrich Behren* jeweils 1 rthlr., dagegen *Hans Deutschen Frau pauper* (also arm) nur ½ rthlr.

Im Jahre 1683 sanken die Sätze, da Magdalene Burmeister in Beverbeck und Margarethe Kuhlmann in Bienenbüttel jeweils lediglich 18 Mariengroschen, also einen halben Taler, zahlen mussten. Ab 1701 war wieder ein Taler zu entrichten, nun von Johan Gerstenkorns Frau in Bienenbüttel, der dann 1702 – 1704 das Schutzgeld *wegen armuth erlaßen* wurde.

Bei der im Jahre 1718 vom Amt Winsen veranlassten Anhörung der benannten Zeugen ergaben sich doch einige Abweichungen gegenüber den früheren Jahren.

So wurde ein Vorfall aus dem Jahre 1695 angeführt, bei dem *des Ambts Voigts Knecht und Henrich Vastenauers Knecht sich in Hinrich Köken Hause am Sontage geschlagen* hatten und dafür auf dem Landgericht mit einer Strafe belegt worden waren; das Landgericht wurde vom Winsener Amtmann auf dem Vogteihof abgehalten. Damit war belegt, dass die staatliche Verwaltung auch dann eingriff, wenn der Vorfall sich auf einem der Abteimeier-Höfe ereignete.

Weiter führten die meisten der angehörten Einwohner an: *Sie wären ehedem alle Zeit aufs LandGericht gangen … das Kloster habe selbst seinen Amtschreiber dabey gehabt; in neülichen Zeiten sey es aber von dem jetzigen Hrn. LandDirector verbohten…* Diese Aussage ließ das Kloster St. Michaelis nicht stehen. Es trug umgehend vor, *daß das Kloster selbst seinen Amtschr. bey dem Landgerichte gehabt, ist in 20 Jahren, so lange der Ambtschreiber* Praetorius *bey dem Closter ist, nicht geschehen, von den vorigen Zeiten findet man keine Nachricht, und glaubet man auch nicht wahr zu seyn.*

Weiter erwähnte das Kloster juristisch spitzfindig, dass die Strafe für abge-urteilte Vorfälle außerhalb der Abteimeier-Höfe nicht unbedingt dem Amt Winsen zustand:

Daß einige testes sagen, was außer den Höffen geschehen, gehöre von undencklichen Zeiten nach Winsen, solches läufft ins jus *und können Zeugen wol* in facto *sagen, dass sie etwan außer den Höffen, von undencklichen Zeiten von Winsen bestraffet worden, aber nicht, dass solches dahin gehöre…*

Wohl den Kern aller Streitigkeiten erfasste die nochmals gehörte Catharina Gerstenkorn, die lapidar feststellte:
In alten Zeiten hätten die straffen und Klagten, wenn etwas aufm Hofe verbrochen, stets nach dem Kloster gehöret, nachdehm aber die Hren. aufm Kloster sich nicht darnach ümbgesehen, hätten die Beambte eingriff gethan, und dafür sey aller streit entstanden. (9)
Danach war das Amt also tätig geworden, weil das Lüneburger Kloster die vorgefallenen Taten nicht mehr verfolgt hatte.

Dieser „Streit" wurde von beiden Seiten fortgesetzt. Vor dem Hofgericht in Celle fand eine umfassende Anhörung statt, an der auch der Beauftragte des Kloster St. Michaelis sowie der Anwalt des Amts Winsen teilnahmen. Um festzustellen, ob das Amt bei Abhaltung des Landgerichts in Bienenbüttel auch Vorfälle aburteilte, die sich auf den Abteimeier-Höfen ereignet hatten, ging man vom 25. - 27. April 1719 die in den Landgerichtsprotokollen seit 1506 festgehaltenen Verurteilungen im Einzelnen durch. Da die älteren Protokollbücher nicht mehr im Original vorlagen, erkannte der Beauftragte von St. Michaelis pauschal diese Vorfälle nicht an, musste jedoch die sonst nachgewiesenen Verurteilungen überwiegend zugestehen.

Dieses Verhalten brachte dann im Jahre 1722 den Anwalt des Amts Winsen dazu, eine ähnliche Position einzunehmen. In einem umfangreichen Memorandum wurden die Umstände der Gründung des Kloster St. Michaelis in Lüneburg, dazu die im Laufe der Jahrhunderte vorgenommenen Zuwendungen von Grundbesitz und Rechten nachvollzogen. (10) Das Memorandum berief sich dabei auch auf zahlreiche Gutachten verschiedener Universitäten und sonstige juristische Denkschriften, um als Ergebnis festzuhalten:
- die vom Kloster St. Michaelis als Nachweis seiner behaupteten Gerichtsbarkeit angeführten Urkunden von 1238 und 1310 könnten nicht akzeptiert werden, da die entsprechenden Originale nicht vorgelegt wurden,

- die bestätigende Urkunde von 1238 werde vom Kloster St. Michaelis bewusst fehlerhaft ausgelegt, da in ihr ausdrücklich die Rede von der dem Herzog zustehenden Gerichtsbarkeit die Rede wäre, und somit

- feststehe, dass *die* Advocatio *des Closters von der Landes Herrschafft allerdings gesetzet worden* – und somit von dem Herzog auch widerrufen werden könne.

Entscheidend waren in der Folge wohl zwei Umstände:
Das Kloster St. Michaelis war in seinem Prozess gegen das Amt Medingen unterlegen, weil es die besonders für die Orte Seedorf und Klein Bünstorf beanspruchte Gerichtsbarkeit nicht nachweisen konnte. Hierauf fußte das Amt Winsen, da es eine gleiche Rechtsgrundlage für seinen Bereich unterstellte.

Ferner hatte 1723 der Rechtsgelehrte Erich Daniel v. Liebhaber im Auftrag der kurfürstlichen Regierung eine umfangreiche rechtshistorische Ausführung vorgelegt, in der die Ansprüche des Klosters St. Michaelis zurückgewiesen wurden. Der Gelehrte kam zu dem Ergebnis, dass sowohl das General-Landes-Privilegium von 1392 wie auch dasjenige aus dem Jahr 1527, mit denen allen Gutsherren die Gerichtsbarkeit über ihre im Fürstentum Lüneburg untergebenen Gutsleute eingeräumt worden war, nicht mehr galten. Die Landtagsabschiede von 1686 und 1695 stellten nach seinen Ausführungen keine automatische Bestätigung des Privilegs dar. Vielmehr musste der Gutsherr unter Vorlage der Lehnsbriefe und Verträge im Original nachweisen, dass ihm die Ausübung der Gerichtsbarkeit weiterhin zustand – andernfalls die Privilegien aus dem 14. und 16. Jahrhundert erloschen waren.

Dieser Auffassung folgte dann das am 13. Oktober 1724 ergangene Urteil. Dem Kloster St. Michaelis wurde nun die Ausübung der Gerichtsbarkeit in Bienenbüttel und den der Amtsvogtei unterstehenden Orten abgesprochen. Auch die vom Kloster im folgenden Jahr eingereichte Appellation – also Berufung – konnte daran nichts mehr ändern: Bis zur Auflösung der Amtsvogtei Bienenbüttel war das Amt Winsen für die Ausübung der Gerichtsbarkeit zuständig.

Anmerkungen:

(1) - Die vielen, oft interessanten Vorfälle auch mit den umliegenden Ämtern im Einzelnen aufzuführen, würde hier den Rahmen sprengen; sie mögen einer weiteren Bearbeitung vorbehalten bleiben.
Die sich aus den angeführten Dokumenten ergebenden, heute nicht mehr geläufigen Begriffe werden besonders zusammengestellt und möglichst erläutert.

(2) - Stadtarchiv Lüneburg – Mich I C 4 Nr. 10 Vol. II

(3) - a.a.O. - Mich. I C 4 Nr. 2.

(4) - a.a.O. – Mich. I C 4 Nr.1.

(5) - a.a.O. - Mich I C. 4 Nr. 7

(6) - E. Rüther/Schulz-Egestorf: Das Lagerbuch des Amtes Winsen von 1681
(Selbstverlag - o.J., nach 1933)

(7) - StA Lüneburg - Mich. I C 4 Nr. 4

(8) - a.a.O. – Mich. I C 4 Nr. 9

(9) - a.a.O., - Mich. I C 4 Nr. 10 Vol. IV

(10). - a.a.O. – Mich. I C 5 Nr. 12

(11) - a.a.O., - Mich. I C 4 Nr. 10 Vol. I

Ausschnitt der Karte Ducatus Luneburgici um 1750 von J.B. Homann

Aufhebung der Amtsvogtei

Der Bienenbütteler Amtsvogt hatte sich nicht nur mit dem Kloster St. Michaelis in Lüneburg auseinander zu setzen. Die Kompetenzstreitigkeiten traten auch mit den umliegenden Ämtern Ebstorf, Medingen sowie Lüne und sogar Bleckede auf. Daher setzten schon Mitte des 17. Jahrhunderts Überlegungen bei der zentralen Verwaltung des Fürstentums ein, diese Konflikte durch die Auflösung der Amtsvogtei Bienenbüttel zu beseitigen. 1740 wurde dann die Aufhebung dieser Amtsvogtei beschlossen.

Zunächst war die Verteilung des um Bienenbüttel gelegenen Besitzes der Amtsvogtei ungeklärt. Ursprünglich beabsichtigte die Regierung in Hannover, den Bereich der Amtsvogtei Bienenbüttel dem Amt Lüne zuzuschlagen, soweit nicht einzelne Höfe besser an andere Ämter gelangen konnten. Nach Verhandlungen mit seinen Kollegen kam der Amtmann in Winsen zu einem anderen Ergebnis, das er am 4. März 1746 mitteilte: (1)
 ... *Ich gestehe, dass der größte Theil der Vogtey Bienenbüttel samt dem Dorffe gleiches Nahmens selbst dem Amts Medingen besser als dem Amte Lüne gelegen....* Die dann veranlassten Maßnahmen kamen jedoch nur zögerlich voran, sodass die Aufhebung der Amtsvogtei erst zum 1. Juni 1795 erfolgte.

Ursache dafür war, dass in den Bestand der beteiligten Ämter nicht nachteilig eingegriffen werden sollte. So befasste sich ein vom in Hannover tätigen „Cammersecretair Flebbe" für die Regierung am 21. November 1792 erstelltes Memorandum ausführlich mit den Problemen, die durch die

Aufhebung der Bienenbütteler Amtsvogtei entstehen konnten. (2) Es heißt –
in der damaligen Schreibweise - darin u.a.:

„Das Amte Winsen an der Luhe hat gegenwärtig *ratione* der selbigen
zugehörigen Voigtei Bienebüttel sehr mannigfaltige Gerechtsame und
Verhältniße binnen der eigentlichen Hoheits=Grenze des Amts Medingen,
welche nach den bei diesen *Communion*=Aufhebungs=Geschäfte ange-
nommenen Grundsatze
daß jedes dabei intereßirte Amt aus aller *Communion* mit anderen Aemtern
soll gesetzet werden,
sämtlich dem Amte Medingen müßen übertragen werden.

Es befinden sich im Amte Medingen Unterthanen welche blos in Ansehung der Hoheit, andere welche in Ansehung der Hoheits= und
Gerichtsbarkeit, und noch andere welche in Ansehung der Hoheits=,
Gerichtsbarkeit und Guthsherrschaft, von dem Amte Winsen an der Luhe
*resorti*ren, so dass Ew: *Excellences* und Hochwohlgebohrene hieraus schon
anzunehmen geruhen werden wie gemischt diese Verhältniße sind, wie
unnütz schwierig und weitläufig sie für die Unterthanen und für die Aemter,
deren jedes für die Erhaltung seiner Gerechtsame strebet, werden können,
und wie wohlthätig und der Ordnung angemessen es seyn muß, wenn man
diesen ganzen *Nexum* des Amts Winsen mit dem Amte Medingen aufhebet,
und alles in die Lage komet, worin es längst müßen gebracht seyn, nemlich
daß jedes Amt, unabhängig von den anderen, binnen seiner Grenze handeln
und würken kann.

Aus … tabellerarischer Darstellung geruhen Ew: *Excellences* und
Hochwohlgebohrene den näheren Bestand der oben angeführten itzigen
Amts Winsenschen Hoheits, Hoheits und Gerichts, und Hoheits, Gerichts
und Guthsherrliche Unterthanen im Amte Medingen zu ersehen. …“

Es wurde sodann festgestellt, dass in den vom Amt Medingen verwalteten
Orten die Amtsvogtei Bienenbüttel die Hoheitsrechte über insgesamt 61
Personen ausübte, von denen zugleich 46 auch der Gerichtsbarkeit unter-
lagen sowie von diesen 26 Personen auch noch der Gutsherrschaft
unterstanden. Betroffen waren bei den Hoheitsrechten in Beverbeck zwei
Vollhöfe, an „Hoheits= und Gerichts=Unterthanen in Steddorf“ zwei
Vollhöfe und in Bienenbüttel sieben Kotstellen, dazu an „Hoheits=,
Gerichts= und Guthsunterthanen“ in Steddorf zwei Vollhöfe und eine

Kotstelle, in Grünewald je ein Halbhof und eine Kotstelle sowie in Bienenbüttel noch zwei Vollhöfe, drei Kotstellen und zwei Brinksitzer. Die in 61 Dörfern in den anderen Ämtern wohnenden Guts- und Gerichtsleute der Amtsvogtei sollten demjenigen Amt zugewiesen werden, in dessen Wirkungsbereich die Ortschaft gelegen war, um so räumlich geschlossene Amtsbezirke zu erhalten.

Die Aufhebung der Amtsvogtei ist daher in einem größeren Zusammenhang zu sehen. Die Regierung strebte eine umfangreiche Reform der Verwaltung an. Die Vorarbeiten zogen sich aber über Jahrzehnte hin. So ist einem Memorandum vom 13. Dezember 1771 zu entnehmen, wie das Amt Winsen/Luhe die ausgeübte Gerichtsbarkeit für Orte, in denen die Amtsvogtei Bienenbüttel Verwaltungsaufgaben auszuüben hatte, feststellte. (3) Ausführlicher werden hier die um Bienenbüttel gelegenen Ortschaften dargestellt:

Barnstedt - *Das Amt Winsen hat die Gerichte über seine beide dasigen Gutsleute,* Möhlmann *und* Kruse*, über die übrigen DorfEingeseßenen hat das Amt Medingen die* Jurisdiction*, wie auch die Feldgerichte.*

Betzendorf – Hier besaß das Amt Winsen die hohe, Feld- und Straßengerichtsbarkeit, während die Niedergerichtsbarkeit vom Kloster St. Michaelis in Lüneburg ausgeübt wurde.

Beverbeck – Das Kloster St. Michaelis hatte – wie auch in Klein Bünstorf - die Gerichtsbarkeit nur *über seine Leüte*, da im Übrigen das Amt Medingen zuständig war.

Bienenbüttel - *das Amt Winsen die* Jurisdiction *im Dorf. Amt Medingen die FeldGerichte.*

Hohenbostel - *Borstel: Amt Winsen* Jurisdiction omnimodam - also war das Amt Winsen hier allein zuständig; dies galt auch für Niendorf, Dieksbeck und Findorfsmühle.

Grünewald – *Amt Winsen über seine 2 Leute, Amt Medingen die Feldgerichte.*

Steddorff *– Amt Winsen über die unter dessen Hoheit stehende 5. Mann, Amt Medingen Feldgerichte.*

Interessant sind die Einzelheiten für Eppensen: ... *das Amt Winsen über seine 3. Guts Leute und deren After*Colonen*, auch Schultz zu Tätendorff after*

Colonum. *Über die übrige Einwohner hat das Amt Medingen die* Jurisdiction *und die Feld- auch StraßenGerichte.*

Dies galt auch für das gesondert aufgeführte Tätendorf, da hier das Amt Winsen die Rechtsprechung *über seine der Hoheit nach gehörende 5 Mann* ausübte.

Für Golste wurde bemerkt, dass *das Amt Winsen über den After*Colonum *des Meyers zu Natendorff, das Amt Medingen über die übrige, auch FeldGerichte* zuständig war.

Bei den zur Amtsvogtei Bienenbüttel zählenden Orten, die im heutigen Landkreis Lüneburg gelegen sind, hielt die Denkschrift fest:

Radebeck – Amt Winsen über seinen Guts Meier. Das Amt Lüne hat die FeldGerichte nebst der Jurisdiction *über die übrige nebst dem Amte Scharnebeck.*

In Ricklingen (bei Dahlenburg) war das Amt Winsen für seinen Gutsmann zuständig, so auch in Buendorf – für das auch das Straßengericht ausgeübt wurde -, im Übrigen trat das Amt Bleckede auf. Von Gienau wie Siecke hieß es: *…das Amt Winsen über seinen Mann. Feldgerichte Amt Gartze.*

Umfangreicher waren die Angaben für Vastorf:

Das Closter St. Michaelis über seine 5. GutsLeute die Criminal *und Nieder-Gerichtsbarkeit. Amt Winsen über den Pastoren Gutsmann. Feld-Gerichte Amt Lüne.*

Abschließend verwies der Amtmann darauf, dass in … *42. Dörfern übet das Amt Winsen alle Hoheits Rechte, in Ausschuß=* Contributions= Einquartirungs= *Servis und anderer dafür gehörende Sachen, jedoch nur in Ansehung der Einwoner aus, welche im Amts Winsenschen* Catastro *stehen. Ferner übet deßelbe die* Criminal Jurisdiction *über alle solche Einwoner und denen Häuser aus, außer wo es ausdrücklichh bei bemerckt ist.*

Diese kurze Übersicht lässt bereits erkennen, wie schwierig der Interessenausgleich unter den Ämtern, besonders wegen der Einkünfte, sein musste. Dies ergab sich auch aus den getroffenen Feststellungen des Sekretärs Flebbe, wie dessen Memorandum weiter zu entnehmen ist. Die im Bereich des Amts Medingen ansässigen, der Amtsvogtei Bienenbüttel zugeordneten 69 Personen - davon acht allein in Gr. Thondorf - hatten an sogenannten Hoheitsdiensten *als Krieger=Fuhren, Landfolge, Jagdfolge, Höfegerichtsfolgen, theils die übrigen Hoheits=Verhältniße überhaupt, als Stellung der Landsoldaten, Einquartirung der Cavallerie, Entrichtung der* Contribution*, der Landschaftlichen Steuern* zu tragen. Für die Kontribution, die aus den Dörfern als Geldabgabe zur Unterhaltung des stehenden Heeres eingezogen wurde, wurde angeregt, die „Contributions=Rezeptur Ültzen" als künftige Stelle zu bestimmen, da *Ultzen diesen Unterthanen auch näher als Lüneburg lieget*, wohin die Amtsvogtei sonst zugeordnet war.

Wegen der tatsächlich auszuübenden Dienste wurden keine Nachteile für die betroffenen Einwohner erwartet, *weil diese Unterthanen bei ihrem Uebergange an das Amt Medingen in einem größeren Hoheits=Verband treten, als sie in der Voigtei Bienebüttel gehabt haben.* Diese Dienste wurden als sogenannte Reihedienste vom Amt abgefordert. Das bedeutete die Inanspruchnahme der Pflichtigen in einer festgelegten zeitlichen und teilweise räumlichen Ordnung. Es ist somit verständlich, dass der Pflichtige bei kleineren Verwaltungseinheiten öfter den Dienst verrichten musste als in größeren.

Schwierigkeiten wurden dagegen bei Durchführung der „Gefangene= WachenDienste" erwartet. Es erstaunt doch ein wenig, dass bereits vor über 200 Jahren die staatlichen Behörden die Einwohner bei beabsichtigten Veränderungen der Verwaltungsstrukturen nicht übergingen. So fand eine Anhörung in Bienenbüttel statt, die so protokolliert wurde:

Actum Bienebüttel am 19 April 1792
Nachdem auf heute diejenigen Unterthanen vorgefordert worden, welche bei der vorseienden Verlegung der Voigtei Bienebüttel vom Amte Winsen an der Luhe an die benachbarten Aemter dem Amte Medingen zufallen werden: so waren erschienen

I.   Guthsleute
aus Barnstedt
Nicolaus Hinrich Kruse Vollhöfener
Wilhelm Friedrich Sanning Brinksitzer
zeitiger Unter Voigt

aus Steddorf
Jürgen Hinrich Burmester Vollhöfener
Hans Peter Meyer desgleichen
Peter Hinrich Brunhöfer Köthener

aus Grünewald
Hans Christoph Jungemann Halbhöfener
Carsten Peter Jungemann Köthener

aus Bienebüttel
Jürgen Wilhelm Schröder Vollhöfener
Johann Daniel Sievers Köthener
Johann Wilhelm Niestadt desgleichen
Jürgen Hinrich Meyer Köthener
Michael Stegen *rel*: Brinksitzer
Carl Stegen desgleichen
abwesend war Hartig Kippe Vollhöfener

II. Hoheits und Gerichts Unterthanen
aus Steddorf
Johann Hinrich Neben Vollhöfener
Peter Warner desgleichen

aus Bienebüttel
Johann Brammer Köthner
Friedrich Scheele desgleichen Briefträger
Carsten Kiehn desgleichen (K)
Johann Hinrich Röhrs desgleichen Briefträger
Hartwig Kippe desgleichen desgl.
Johann Christoph Gesterding desgl. desgl.
Anton Hermann desgl. desgl.
… erklärten die *Comparenten* hierauf, wie sie bei der von Königl: Cammer
mit ihnen intendierten Verlegung an das Amt Medingen zwar nichts zu
erinnern finden könnten, vielmehr in mancher Rücksicht sich von dem
hieraus überhaupt und auch für sie anwachsenden Nutzen überzeugten,

jedoch aber auch hoften, dass hiedurch keine Neuerungen für sie erwachsen würden.

Insbesondere aber wären sie besorgt, dass wenn die dem Amte Winsen bishero über sie *compeirten* Hoheitsrechte dem Amte Medingen übertragen würden, sie auch zur Abhaltung der GefangenWachen beim Amte Medingen würden angehalten werden, wodurch ihnen, da sie so lange sie unter der Hoheit des Amts Winsen gestanden nie Gefangenwachen geleistet, eine neue beschwerliche Last zuwachsen würde. ..."

Die Anhörungskommission gab jedoch zu erkennen, dass „es also wenig die Absicht sey ihnen neue Pflichten bei dieser Veränderung aufzulegen als sie sich der ihnen wie allen Unterthanen des Landes *incumbirenden* Pflichten nicht würden entziehen können."

Die Kommission schlug den Betroffenen vor, die zusätzlichen Dienste durch eine regelmäßige Geldzahlung abzuwenden. Doch:

„... die Guthsleute aus Groshen Thondorf, Barnstedt, Steddorf, Grünewald und Bienebüttel gestanden zwar ein, dass sie der Herrschaft zum *natural*dienste verpflichtet wären und Behuef des herrschaftlichen Voigtei Hofes zu Bienebüttel verschiedentlich gedienet hätten, ihr geringer Vermögenszustand aber, die äußerst schlechte Beschaffenheit ihrer hoch belegenen sandigen Länderey und die größtentheils bei ihnen eintretende Unmöglichkeit durch NebenGewerbe sich einiges Verdienst zu verschaffen, mache es ihnen schlechterdings unmöglich ein erhöhtes Dienstgeld aufzunehmen und so ihre Gefälle zu erhöhen. Ueberdem hätten sie bishero äußerst selten, oft in verschiedenen Jahren gar nicht *in natura* gedienet und hoften sie deswegen, dass auch bei den ihnen zukünftig etwa anzumuthenden *natural* Dienste hierauf wie billige Rücksicht werde genommen werden."

Die Kommission verwies noch darauf, dass die Pflichtigen des Amts Medingen jährlich 10 Taler an gewöhnlichem Dienstgeld zahlten und 104 Tage Spanndienst zu leisten hätten, diese Belastungen durch einen Zuschlag von fünf Talern beim Dienstgeld dahin verringert hatten, nur noch 26 Spanntage erbringen zu müssen. Auch dieser Hinweis konnte einen Sinneswandel bei den Angehörigen der Amtsvogtei nicht bewirken. Die Kommission erklärte nun, die Angelegenheit der Regierung in Hannover vorlegen zu wollen.

Zwei Jahre danach war offenbar noch keine Entscheidung gefallen. Sekretär Flebbe regte daher an, dass die Gefangenenwachen bei dem Amt Medingen von den Betroffenen tatsächlich abgeleistet werden sollten,

„…da sie die ihnen bishero davon angeblichen Befreiung als einer besonderen Gnade ansehen müssten und keine Verjährung, deren erforderliche *Requisita* sie nicht beweisen können, würden vorschützen können, und dieserwegen scheint mir auch ihre Weigerung zur Ableistung des GefangenWachenDienstes beim Amte Medingen in Grenzen um so unbilliger zu seyn, als sie in Ansehung der Weite des Weges Beträchtliches genommen, und auch wegen der beim Amte Medingen weit seltener als beim Amte Winsen vorfallenden *Inquisitionen*, dieser Dienst sie nicht so oft zu Medingen als zu Winsen fordern würde.“

Neben der bei dem Amt durchzuführenden Bewachung einsitzender Gefangener hatten die der Amtsvogtei unterstellten Bewohner noch andere Arbeiten zu verrichten:

„In einer Art von Landfolge /: welche jedoch nicht jedesmahl vom Königl: *Ministerio* sondern *observanz*mäßig vom Amte angeordnet wird :/, behuef Instanderhaltung des 176 Ruthen langen Steinweges zu Bienebüttel und des Hohenbosteler 192 Ruthen langen Fuhrts erforderlichen Arbeiten, theils mit dem Spann, theils mit der Hand zu verrichten…“

Es war vorgesehen, die zu diesen Arbeiten Verpflichteten dem Amt Medingen zu unterstellen, zumal:

„… Bei gewöhnlichen und geringen *Reparaturen* des Bienebütteler Steinweges und Hohenbosteler Furths, kann das Amt Medingen theils die ihm zufallenden Bienebütteler Unerthanen, theils von seinen *ordinairen* Herrendiensten, woran es bei dieser *Communion*=Aufhebung einen großen Zuwachs erhält, gebrauchen, und bei außerordentlichen wichtigen Reparaturen muß solches bei Königl: *Ministerio* auf die Bewilligung einer Landfolge eines oder mehrere benachbarten Aemter antragen, wie denn auch schon bishero und nahmentlich als der Bienebütteler Steindamm 1723 neu geleget worden, auf Antrag des Amts Winsen eine Landfolge … ist angeordnet worden.“

Die Neuregelung der dem Amt Winsen zustehenden Gerichtsbarkeit bereitete nach 1792 keine Probleme. Alle Ämter waren sich dahin einig, dass die Zivil- wie Strafgerichtsbarkeit für die Orte im bisherigen Umfange betroffen war und auf die jeweiligen Ämter übergehen sollte. Dazu kamen speziell die Feld- und Straßengerichte hinzu, während das Amt Medingen noch *die Holzgerichte über die Thondorfer Hägen bei Wiebeck, soweit solche hergebracht* und als weiteres Holzgericht dasjenige *über den Eickberg und die Wedewen, zwei Medingischen Unterthanen gehörigen Privat=Hölzungen, woraus der Amtsvoigt zu Bienebüttel die Brüche* pro accidente *genoßen* zugesprochen erhielt.

Soweit die Amtsvogtei Bienenbüttel auch Rechte des Guts- oder Grundherren über insgesamt 26 Personen wahrzunehmen hatte, gelangten diese an diejenigen Ämter, in deren Bezirke die Hofstellen lagen. Es handelte sich bei diesen Rechten um die Neu- und Wiederbesetzung der Höfe, die Beschreibung (Protokollierung) von Ehestiftungen und der Ablebungen (Regelung des Nachlasses verstorbener Hofbesitzer) sowie besonders um die Zahlung der „Domanial=Praestandorum" und die Ableistung der „Domanial=Dienste", also derjenigen Ansprüche in Geld oder Naturalien, die dem Landesherrn persönlich als Grundherr des Hofes zustanden.

Sekretär Flebbe zeigte noch auf, dass mit der Verlegung der Betroffenen an das Amt Medingen diese bei den Geldzahlungen und der Ablieferung des Zinskorns nur Vorteile erlangten, doch bei der Durchführung der Dienste sah er diese Probleme:
„So lange diese Unterthanen hiezu dem Amte Winsen an der Luhe verpflichtet waren, haben sie äußerst wenig in *natura* gedienet, und blos behuef des Herrschaftlichen Voigtei=Hofes zu Bienebüttel, oder behuef einiger Fuhren in herrschaftlichen Angelegenheiten sind von ihnen *natural*=Dienste zu Zeiten gefordert und geliefert worden.
Sollten deswegen itzo bei ihrem Uebergange an das Amt Medingen, wo sie wegen ihrer nahen Lage beim Amte eigentlich weit mehr und beßer zum *natural*=Dienste könten gebraucht werden, wohl nicht alle, doch die mehrsten *natural*=DienstTage von ihnen gefordert werden; so ist leicht vorauszusehen, dass von den Unterthanen weitere Beschwerden, über diese mit ihnen *intendirte*, jedoch nicht von ihnen selbst nachgesuchte Verlegung an das Amt Medingen würden geführet werden, und so wenig selbige auch vielleicht hierin das strenge Recht für sich haben würden, so sehr glaube ich

dennoch würde nach Ew: *Excellences* und HochWohlgebohrnen gerechten und billigen Gefühle hiebei eine wenigstens anscheinende Härte zum Grunde legen, und wir alles dieses dadurch können vermieden werden, wenn, die ich unterthänigst anheimgebe, Ew: *Excellences* und HochWohlgebohrne dem Amte Medingen einen vorsichtigen und mäßigen Gebrauch dieses ihm übertragen werdenden *natural*=Dienste ausdrücklich aufzugeben geruhen wollen."

Grund dieses Vorschlags war die Haltung der bereits 1792 angehörten Bewohner, die ja erklärt hatten, kein höheres Dienstgeld zahlen zu können.

Im Vorgriff auf die geplante Aufhebung der Amtsvogtei Bienenbüttel leitete die Regierung in Hannover bereits vor 1794 Maßnahmen ein, um eine straffere Verwaltungsstruktur zu ereichen.

Neu geordnet wurde auch die Forstverwaltung. Am 15. November 1773 unterrichtete die Königliche Kammer das Amt Winsen, (4) dass im Hinblick auf getroffene Maßnahmen *die Winsischen Forsten der Bremischen – die Medingischen Forsten hingegen der Dannenbergischen Ober= Forst=Aufsicht* unterstellt worden waren und dadurch der *gehende Förster Schmidt, welcher die Special-Aufsicht über die Lohn=Holzung führet, nunmehro unter 2. Aemtern, unter 2. Ober=Förstern, und unter 2. Ober=Forst=Directionen stehet.* Es lag auf der Hand, dass dieser Zustand unbefriedigend war. Daher bestimmte die Regierung:

...so ist ... nunmehro von Uns resolviret, vom bevorstehenden 1ten May 1774 anzunehmen, besagte Forst des Lohn=Gehölzes von dasigen Amte gänzlich abzunehmen, und durch Beylegung an das Amt Medingen dem Dannenbergischen Ober=Forst=Amte... zu untergeben.

Die tatsächliche Übernahme der Verwaltung des Lohn-Waldes durch das Amt Medingen erfolgte dann Anfang 1776.

Auch für die von Bienenbüttel weit abgelegene Heidmark um Munster wurden Änderungen vorgenommen. Auf einigen Höfen lag die Pflicht, den Zehnten der Orte Betzendorf, Süder- und Westergellersen, der dem Amt Scharnebeck zustand, nach Radbruch in die dortige Zehntscheune zu fahren. Diese Fuhren waren, zumal sie meist in der Erntezeit vorzunehmen waren, äußerst lästig. Die Kammer in Hannover bestimmte daher unter dem 15. März 1766, dass die Fuhren nicht mehr von den Pflichtigen durchgeführt werden sollten, sondern *solchene Fuhren mit denselben Zu Gelde behandelt und entrichten dieselben nunmehro vom 1. Mai 1766 an ... Zehntfuhr Gelde.* Sicherlich eine Erleichterung für die Bauern.

Dies traf einige Jahre später auch für einige Höfe um Wriedel zu, da den Bauern gestattet wurde, vom 1. Mai 1791 an das zu entrichtende Dienstgeld bereits an das Amt Ebstorf zu zahlen.

Nachdem die Regierung in Hannover die Vorträge der beteiligten Ämter geprüft hatte, wurde die Aufhebung der dem Amt Winsen über 400 Jahre angegliederten Amtsvogtei Bienenbüttel beschlossen. Es gingen zum 1. März 1794 die Rechte aus der Gerichtsbarkeit sowie der Grundherrschaft und dann zum 1. Juni 1795 die Steuereinnahmen auf die jeweiligen Ämter über.

Dies wurde durch das in Hannover residierende Kabinett namens des Königs so bekannt gegeben:

Georg der Dritte, von Gottes Gnaden

König von Groß=Britannien, Frankreich und Irrland, Beschützer des Glaubens, Herzog zu Braunschweig und Lüneburg, des Heil. Röm. Reichs Ertz = Schatzmeister und Churfürst, etc.

Fügen hiemit zu wissen: Nachdem Wir beschlossen haben, die bisher zu Unserm Amte W i n s e n a n d e r L u h e gehörig gewesene, jedoch in dem Hoheits=Bezirk verschiedener anderer Aemter zerstreuet belegene Voigtei B i e n e n b ü t t e l von jenem Amte gänzlich zu trennen, und dagegen solche Unsern Aemtern L ü n e , B l e k e d e , M e d i n g e n , G a r z e , B o d e n t e i c h , E b s t o r f und S c h a r n e b e c k beizulegen und unter selbige zu vertheilen, auch von den Aemtern Lüne, Garze und Scharnebeck einige Höfe an die Aemter Bleckede, Medingen, Winsen an der Luhe, Scharnebeck*) und Bodenteich zu verlegen, und dadurch denjenigen mannigfaltigen Unbequemlichkeiten und Beschwerden abzuhelfen, welche in Rücksicht der verschiedenen Hoheits= Jurisdictions= Domanial= und gutsherrlichen Verhältnisse, aus der ganz von dem Amte Winsen an der Luhe und dessen Hoheits=Bezirk getrennten Lage besagter, nach einzelnen Dörfern und Höfen in den Hoheits Bezirken anderer Aemter belegenen

---

*) muss richtig Ebstorf lauten

Voigtei Bienenbüttel, wie auch aus der abgesonderten Lage mehrerer andern Höfe von den Aemtern, zu welchen sie bis dahin gehörten, bisher, selbst zum wesentlichen Nachtheil Unserer getreuen Unterthanen in derselben, unvermeidlich entstehen mußten, und zum öftern bemerkt worden sind; So eröfnen Wir solches mittelst dieses, und setzen und ordnen demnach wie folget:

I.   Soll die bisher zu Unserm Amte Winsen an der Luhe gehörig gewesene Voigtei Bienenbüttel von diesem Amte gänzlich getrennet und mit demselben aus aller Hoheits= Jurisdictions= Domanial= und gutsherrschaftlichen Verbindung gesetzt, dagegen aber in Ansehung des Hoheits= und Jurisdictions Nexus Unsern Aemtern Lüne, Bleckede, Medingen, Garze, Bodenteich und Scharnebeck in derjenigen Maasse beigelegt seyn, als der dieser Unserer Verordnung sub. Litt. A. *angefügte Conspectus mit mehreren nachweiset; wie Wir denn dieselbe Unserm Amte Winsen an der Luhe hiemit abnehmen, ebengedachten Unsern Aemtern Lüne, Bleckede, Medingen, Garze, Bodenteich und Scharnebeck aber damit in solcher Maasse wiederum beilegen; so wird auch die* sub. Nris. II. III. IV. *des eben erwehnten Conspectus* sub. Litt. A. *aufgeführten zu den Aemtern Lüne, Garze und Scharnebeck bisher gehörig gewesenen einzelnen Höfe, den Aemtern Bleckede, Medingen, Winsen an der Luhe, Scharnebeck und Bodenteich nach weiterer Maaßgabe des ebengedachten Conspectus gleichfalls hiemit überwiesen und beigelegt seyn sollen.*

II.   Soll diese resp. Trennung und Beilegung sich ohne Ausnahme auf alle Verhältnisse erstrecken, welche von dem Hoheits= Jurisdictions= Domanial= und gutsherrlichen Nexus, in welchen gedachte Voigtei und die übrigen von ihren bisherigen Aemtern getrenneten und andern beigelegten Höfe gegen diejenigen Unserer besagten Aemter, welchen sie wiederum beigelegt werden, künftig treten, abhängig sind, oder damit in Verbindung stehen, mithin auch auf das Contributions=Recepturwesen, Hohe Gerichts= und Kriegerfuhren etc. sich ausdehnen, nicht weniger auch in Absicht des gutsherrlichen Nexus in derjenigen Maasse eintreten, als der dieser Unserer Verordnung sub. Litt. B. *hinzugefügte Conspectus mit mehrern ergiebt; Wie denn*

III.   Insbesondere die Contribution und andere von den Contributions=Einnehmern zu erhebende Steuren künftig von den Höfen und Unterthanen, mit welchen sothane Veränderung geschiehet, bei denjenigen

92

Recepturen bezahlt und erhoben werden sollen, bei welchen die Contribution etc. aus demjenigen Amte entrichtet wird, welchem dieses oder jenes einzelne Dorf oder Hof beigelegt worden ist.

Gleichwie endlich

IV.   Die obige Veränderung, so weit solche die aus dem Jurisdictions= Domanial= und gutsherrlichen Nexus entspringenden Verhältnisse Unserer Unterthanen der vorhin erwehnten Aemter betrift, bereits mit dem 1sten Mai v.J. ihren Anfang genommen und realisirt worden ist; so soll selbige dagegen in Absicht der aus dem Hoheits=Nexus fliessenden Verhältnisse, mithin besonders in Ansehung der Contribution, des Tobacks=Geldes, der Quartalsteuer, der rauhen Fourage=Gelder, der Servis= und Quartier=Gelder, wie auch der Landsoldaten Rollen, mit dem 1sten Junius des gegenwärtigen 1795sten Jahres anheben und in wirkliche Vollziehung gebracht werden.

Wonach sich mithin diejenigen Unserer Aemter und Unterthanen, die solches angehet, gebührend zu achten haben.

Gegeben unter Unsern Geheimen = Canzlei = Insiegel.

Hannover den 11sten Mai 1795.

(LS)

Ad Mandatum Regis & Electoris speciale.

v. Kielmansegge.   v. Beulwitz.   v. Arnßwaldt.   v. Steinberg.

Georg der Dritte, von Gottes Gnaden

König von Groß-Britannien, Frankreich und

Irrland, Beschützer des Glaubens, Herzog zu Braunschweig und Lüneburg, des Heil. Röm. Reichs Ertz-Schatzmeister und Churfürst, rc.

Fügen hiemit zu wissen: Nachdem Wir beschlossen haben, die bisher zu Unserm Amte Winsen an der Luhe gehörig gewesene, jedoch in dem Hoheits-Bezirk verschiedener anderer Aemter zerstreuet belegene Voigtei Bienenbüttel von jenem Amte gänzlich zu trennen, und dagegen solche Unsern Aemtern Lüne, Blekede, Medingen, Garze, Bodenteich, Ebstorf und Scharnebeck beizulegen und unter selbige zu vertheilen, auch von den Aemtern Lüne, Garze und Scharnebeck einige Höfe an die Aemter Blekede, Medingen, Winsen an der Luhe, Scharnebeck und Bodenteich zu verlegen, und dadurch denjenigen mannigfaltigen Unbequemlichkeiten und Beschwerden abzuhelfen, welche in Rücksicht der verschiedenen Hoheits-Jurisdictions-Domanial- und gutsherrlichen Verhältnisse, aus der ganz von dem Amte Winsen an der Luhe und dessen Hoheits-Bezirk getrennten Lage besagter, nach einzelnen Dörfern und Höfen in den Hoheits-Bezirken anderer Aemter belegenen Voigtei Bienenbüttel, wie auch aus der abgesonderten Lage mehrerer andern Höfe von den Aemtern, zu welchen sie bis dahin gehörten, bisher selbst zum wesentlichen Nachtheil Unserer getreuen Unterthanen in derselben, unvermeidlich entstehen mußten, und zum öftern bewerkt worden sind; So eröfnen Wir solches mittelst dieses, und setzen und ordnen demnach wie folget:

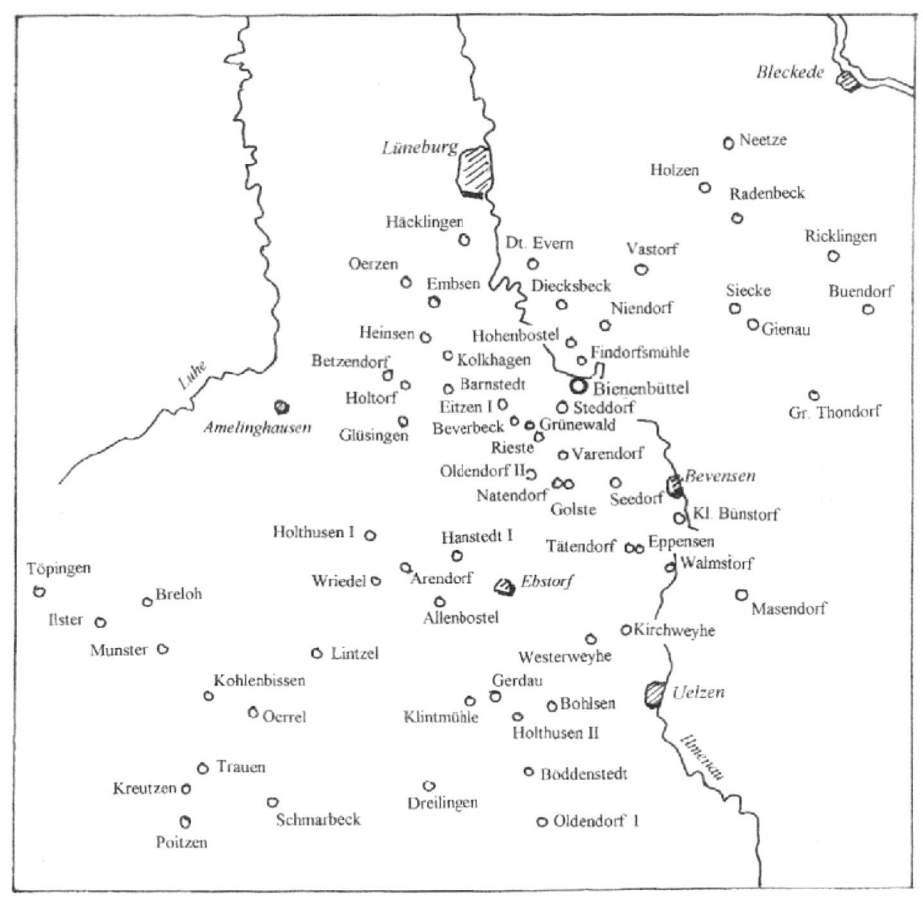

Verwalteter Besitz der Amtsvogtei Bienenbüttel 1795

Aus dem Verwaltungsbereich der aufgelösten Amtsvogtei Bienenbüttel erhielt demnach das (5)

Amt	aus dem Ort	Einwohner	davon Gutsleute
Winsen/Luhe	Oerzen	2	
Lüne	Hohenbostel	8	8
	Niendorf	3	3
	Dieksbeck	1	1
	Vastorf	6	
	Deutsch Evern	3	
	Häcklingen	2	
	Embsen	1	
	Kolkhagen	1	1
	Heinsen	1	
	Holtorf	1	
	Betzendorf	14	
	Holzen	1	
	Radenbeck	1	1
		43	14
Scharnebeck	Neetze	12	
Bleckede	Buendorf	4	4
	Ricklingen	2	2
		6	6
Garze	Gienau	1	1
	Siecke	1	1
		2	2
Medingen	Gr. Thondorf	-	8
	Walmstorf	1	
	Kl. Bünstorf	5	
	Eppensen	9	3

Amt	aus dem Ort	Einwohner	davon Gutsleute
	Tätendorf	5	1
	Seedorf	12	
	Golste	1	
	Bienenbüttel	14	7
	Steddorf	5	3
	Grünewald	2	2
	Beverbeck	2	
	Barnstedt	2	2
	Glüsingen	3	.
		61	26
Ebstorf	Varendorf		2
	Natendorf		1
	Oldendorf II		2
	Hanstedt I		3
	Wriedel		1
	Arendorf		3
	Holthusen I		1
	Allenbostel		2
	Lintzel		1
	Oerrel		1
	Breloh		5
	Munster		8
	Kohlenbissen		2
	Ilster		2
	Töpingen		1
	Kreutzen		1
	Poitzen		3
	Schmarbeck		4
	Trauen		2.
			45
Bodenteich	Holthusen II	1	
	Gerdau	10	
	Klintmühle	1	

Amt	aus dem Ort	Einwohner davon Gutsleute
	Bohlsen	3
	Böddenstedt	2
	Oldendorf I	13
	Dreilingen	5
	Masendorf	3
	Kirchweyhe	7
	Westerweyhe	2 .
		47

Somit wurden insgesamt 173 Personen, davon 93 zugleich als Gutsleute sowie 133 als „Gerichtsuntertanen" einer neuen Verwaltungseinheit bzw. einem Grundherren unterstellt.

Bei der Gutsherrschaft gliederte eine Übersicht den Übergang so auf: (6)
Recapitulation der von der Voigtey Bienenbüttel Amts Winsen an der Luhe an andere Aemter ratione der Gutsherrschaft übergehenden Unterthanen.

1. An das Amt Lüne		*14*
2. „ „ „ Bleckede		*6*
3. „ „ „ Garze		*2*
4. „ „ „ Medingen		*26*
5. „ „ „ Ebstorff		*45 .*
	Summa	*93*

Mit der Auflösung der Amtsvogtei Bienenbüttel wurden zugleich die Zuständigkeiten einiger Ämter verändert.

So erhielt das Amt Medingen vom Amt Lüne aus Edendorf im Bereich der Hoheits- und Gerichtsbarkeit fünf Vollhöfe, acht Halbhöfe und zwei Brinksitzer zugewiesen, während es bei der Guterrschaft sechs Voll- und drei Halbhöfe waren. In Hohnstorf kamen hinsichtlich der Hoheits- und Gerichtsbarkeit ein Vollhof, zwölf Halbhöfe und vier Brinksitzer und bei der Gutsherrschaft ein Vollhof, sechs Halbhöfe und zwei Brinksitzer an das Amt Medingen.

Das Amt Garze gab in Wulfstorf bei der Hoheits- und Gutherrschaft sowie hinsichtlich der Gerichtsbarkeit jeweils vier Halbhöfe an das Amt Lüne ab, dazu in Rieste bei der Gutsherrschaft zwei Halbhöfe an das Amt Medingen.

Nicht immer ging die Übernahme der Verwaltung durch die neuen Ämter reibungslos vor sich. So stellte das Amt Medingen am 20. Mai 1796 fest, dass die Einwohner von Eitzen, nämlich Carsten Steding, Heinrich Schroeder und Franz Heinrich Müller, weiterhin die Abgaben an das Amt Winsen gezahlt hatten; Medingen bat daher um Übersendung des Betrages von 18 Mariengroschen *an Zollen* für zwei Jahre. Unter dem 13. Juni erläuterte dann der Medinger Amtmann Koch:
Die 3. Einwohner Steding, Schroeder und Müller in Eitzen haben heute die 9 mgr. für Zollen, um deren Aushändigung ... wir am 20ten vorigen Monats ersuchet, vom verwichenen Rechnungs-Jahre de May 1795. bis 1796 mit dem Beifügen abbezahlet, dass sie in der Meinung gestanden, dass solche ihr Mandatorius in Lüneburg an dasiges Königliches Amt eingeliefert haben...
Erneut wurde um Übersendung des Geldbetrages gebeten, der vom Amt Winsen jedoch erst nach einer weiteren Mahnung vom 30. Juli am 9. August 1796 abgesandt wurde.

Doch ist festzuhalten, dass die Aufhebung der Amtsvogtei Bienenbüttel unumgänglich war. So hatte das weit entfernt bei Bleckede liegende Amt Garze bei Bienenbüttel Untertanen sitzen:
Das Amt Garze hat bishero in dem zum Amte Medingen gehörenden Dorfe Rieste
2 Halbhöfener
welche jedoch blos in Ansehung des guthsherrlich. nexus *von selbigen* relaviren, *in Ansehung der Hoheits und Gerichtsbarkeit aber schon zum Amte Med. gehören.*
Garze trat nun auch die Gutsherrschaft an Medingen ab. Die beiden Hofbesitzer wurden darüber durch das Amt Bleckede in Kenntnis gesetzt, wie dieses Protokoll zeigt:(7)

Actum *Bleckede*
am 28 ten Febr. 1794
In Gegenwart
des Herrn Amts Auditoris
von Schrader

Den auf heute alhier vorgeforderten Eingesessenen
aus Rieste
   Johann Christoph Kruse und
   Jürgen Hinrich Koch,
ward in Beziehung auf das ihnen wiederum vorgelesene, wegen ihrer
Übertragung an das Amt Medingen abgehaltene Protocoll *de dato*
Bleckede den 2." May 1792 eröfnet, dass sie die dem Amte Garze
entrichteten ständigen Gefälle von 1ᵗᵉⁿ May 1794 an dem Amte Medingen
zu entrichten hätten.
Sie fanden hiebei nichts zu erinnern, baten um Copiam protocolli *und*
wurden nach geschehener Verlesung und Genehmigung dieses Protocolli
entlassen.   in fidem.

Der Halbhöfner Kruse hatte jährlich dem Amt Garze als *Michaelis
Pachten* zwei Taler 27 ggr., Koch drei Taler und 9 ggr. zu entrichten,
dazu bei noch je sechs Taler an *ständigen LangenReisenGelde*. Die zu
liefernden Rauchhühner lösten beide mit je 3 ggr. 3 Pfg. ab. Somit erhielt
das Amt Garze bis 1794 aus Rieste Jahreseinkünfte von 18 Reichstaler 6
ggr. 6 Pfg.

Der in Bleckede residierende Oberhauptmann v. Schrader war beauftragt
worden, die verwaltungstechnischen Maßnahmen bei der Auflösung der
Vogtei für einige Ämter durchzuführen. Anfang 1794 wandte sich das
Amt Winsen an den Bienenbütteler Vogt: (3)

WohlEhrenfester
Sonders Grosgünstiger Herr Amtsvoigt

Demselben ist schon bekannt dass die gantze Vogtei Bienenbüttel auf anstehenden Märztag von hiesigem Amte getrennt wird, und dagegen dem hiesigen Amte alle die Gutsleute, welche die Ämter Lüne, Medingen, Ebstorff und Scharnebeck im hiesigen Amte haben, abgereten werden sollen.

Der Herr OberHauptmann v. Schrader hat von Königlicher Cammer den Auftrag erhalten,alle Dörfe, Gerichts- und GutsLeute, dem hiesigen Amte zu überweisen, und es ist dazu der 5.te künftigen MayMonats von demselben angesetzt, in welchem auch wir dorten eintreffen wollen.

Die Handlung wird in seinen des Hr. Amtsvogts Hause vorgenommen werden, und es ist dazu alles vorzubereiten, damit solches in der großen Stube oder auf dem Vorplatze geschehen könne. ...

Den aufgefundenen Unterlagen ist nicht zu entnehmen, ob die Verhandlung bei gutem Wetter auf dem Platz des Vogteihofes stattgefunden hat.

Anmerkungen:

(1) - Nds.HStA, Hann 74 Medingen Nr. 263

(2). - a.a.O., Hann.74 Medingen Nr. 285

(3) - a.a.O., Hann. 74 Winsen/Luhe Nr. 250

(4) - a.a.O., Hann. 74 Medingen Nr. 280

(5). - U.F.C. Manecke: Beschreibungen der Städte, Aemter und adelichen Gerichte im Fürstenthum Lüneburg – 2 Bde., 1858 –

(6) - Chr. H. Ebhardt: Sammlung der Verordnungen für das Königreich Hannover aus der Zeit vor dem Jahre 1813 – Hannover, 1854.

(7) - Nds. HStA, Hann. 74 Medingen Nr.

Das Vogteigebäude 2005

Bedienstete und Vögte der Amtsvogtei

Die Verwaltung und Durchführung der Aufgaben einer dem Amt unterstellten Vogtei wurden von einem Amtsvogt wahrgenommen, der nach heutiger Auffassung als Beamter angesehen werden kann.

Die bereits erwähnten „Zehntfuhren" lassen den räumlichen Bereich der Amtsvogtei Bienenbüttel gut erkennen, schließlich reichte das Gebiet von Neetze bis in den Raum um Munster – die Luftlinie zwischen beiden Orten beträgt rund 75 Kilometer. Der Vogt war sicherlich überfordert, wollte er seinen Aufgaben jeweils persönlich nachkommen. So ergab es sich, dass ihm bald Gehilfen beigegeben wurden – das waren die Untervögte sowie im Einzelfall ein Amtsschreiber.
Die Untervögte wurden augenscheinlich dann bestellt, wenn sich für ihre Verwendung ein Bedarf ergab. Es gab sie im Bienenbütteler Gebiet über einen längeren Zeitraum in Niendorf und Steddorf, dazu in Barnstedt bzw. Betzendorf, offenbar als ständige Vertreter des Amtsvogts. Der in Bruchtorf sowie im Jahre 1780 in Gienau ansässige Untervogt scheint nur vorübergehend eingesetzt worden zu sein.

Als weitere Bedienstete der Amtsvogtei sind die Zuentbieter anzusehen. Zur Durchführung der Amtsgeschäfte wurden aus dem Kreis der Einwohner Personen bestellt, die im amtlichen Auftrag getroffene Entscheidungen, Ladungen zu Gerichtsterminen sowie amtliche Schreiben zu übermitteln und eventuell den Empfängern zu erklären hatten. Für 1750 sind Zuentbieter in Eppensen, Natendorf, Gienau, Hanstedt I und Arendorf aufgezeigt.

Daneben lag auf einzelnen Höfen die Verpflichtung, Briefträger für das Amt zu stellen. Diese Briefträger hatten dafür zu sorgen, dass der Schriftwechsel der Vogtei Bienenbüttel mit dem Amt Winsen sowie den anderen Ämtern und vor allem mit den in oft weit entfernt wohnenden, der Vogtei unterstellten Leuten gesichert war. Für diese Dienste waren sie regelmäßig von der Zahlung des Dienstgeldes gegenüber dem Amt befreit und hatten auch einige andere Privilegien. In Bienenbüttel waren z.B. nach dem Winsener Lagerbuch von 1681 dazu die Kötner Grüttmaker (Grützmacher), Riestedt, Adam Meyer, Pollmeyer, Linde, Griefke (auch Griffke), Brodermann und der Müller von Findorfsmühle verpflichtet.

Die Aufgaben der Verwaltung einer Vogtei wurden vom Amtsvogt wahr-genommen. Er vertrat den Amtmann als Repräsentant der staatlichen Verwaltung. Somit war er zuständig für die umfassende und rechtzeitige Erhebung der aufkommenden Steuern und Abgaben und deren Abführung an das Amt. Straftaten hatte der Vogt festzustellen und aufzuklären, wenngleich die Aburteilung dem Amt vorbehalten war. Nach Erlass des Urteils musste der Amtsvogt die erkannte Geldstrafe einziehen oder dafür sorgen, dass der Verurteilte eine Freiheitsstrafe auch verbüßte. Für diese Tätigkeiten wurde er besonders entlohnt – als Anreiz für eine straffe Vollstreckung. Hinzu kam noch die Teilnahme an den Sitzungen der Holzungsgerichte zu Eppensen und Betzendorf. Dazu fiel der Bienenbütteler Amtsvogtei als besondere Aufgabe zu, für einen reibungslosen Verkehr auf den Straßen zu sorgen, die der besonderen Gerichtsbarkeit der Vogtei unterlagen.
Bedenkt man die räumliche Ausdehnung der Amtsvogtei, so hatte der Vogt wahrlich genug zu tun.

In einer, zu Beginn des Jahres 1332 erstellten Urkunde der Herzöge wird ein *Johannis Eyget Advocati nostri* genannt. (1) Dieser hatte offensichtlich mit seinen Leuten in die Rechte des Abts von St. Michaelis, besonders bei dem um Gerdau gelegenen Besitz, eingegriffen. Auf entsprechende Beschwerde des Abts enthoben die Herzöge diesen Vogt seines Amtes.
Bei diesem Johann Eyget kann es sich durchaus um einen für den Bienenbütteler Raum zuständigen Amtsvogt handeln, da diesem später auch die Verwaltung des um Gerdau vorhandenen Grundbesitzes der

Herzöge zustand. Den wenigen Angaben der Urkunde kann aber nicht entnommen werden, ob in Bienenbüttel bereits ein Vogtsitz eingerichtet war.

Den bisher zugänglichen Unterlagen können als gesichert diese Amtsvögte entnommen werden:

1. 1417   - Kersten (Christian) v. Bienenbüttel (2)
2. 1474 – 76 - Dietrich v. Müden (3)
3. 1563   - Hans Rörs (Röhrs) (4)
4.   - Käde (5)
5. um 1603 - Christian Detmers
6. 1605   - Hans Striepe
7.   - Schwalbach
8.   - Christian Arndt
9. bis 1639 - Baltzer Breyer
10. 1639 – 1667 - Jürgen, auch Georg Friesendorf
11. 1668 – 1681 - Ernst Wulbrand Bolte
12. 1681 – 1685 - Rose
13. vor 1700 - Matthias Wiechel
14. ab 1700 - Hans Schuchard
15. 1704 – 1715 - Joh. Schnehagen, auch Hans Scherhagen
16. 1715 – 1742 - Johann Stille
17. 1742 – 1750 - Joh. Heinr. Partz, zuvor beim Amt Lauenstein.

Nach dem Tode des Vogts Partz wurde die Stelle nicht mehr mit einem eigenständigen Vogt besetzt, sondern verwaltet von

18. 1750 – 1770 - Joh. Friedrich Reinecke, Amtsvogt in Garlstorf
19. 1771 – 1773 - Joh. Wilh. Dreer, Amtsvogt in Garlstorf
20. 1773/74   - J. Le Marchand, Amtsvogt in Amelinghausen
21. 1774   - Lunde, Amtsvogt in Bardowick
22. 1775 – 1786 - Hundertpfund, Amtsvogt in Garlstorf
23. ab 1786 – 1795 - Lunde, Amtsvogt in Bardowick.

Mit dem offenbar plötzlichen Tode des Vogts Johann Heinrich Partz am 28. Mai 1750, der neben seiner Witwe Johanne Sophie vier kleine Kinder hinterließ, (6) endete die selbständige Stellung eines Amtsvogts in

Bienenbüttel. Im Zuge einer ab 1740/45 geplanten Verwaltungsreform, nach der die Aufhebung der Amtsvogtei vorgesehen war, wurde von einer Neubesetzung der Vogtstelle abgesehen. Das Amt Winsen schlug der Königlichen Kammer in Hannover als oberste Regierungsinstanz vor, die Bienenbütteler Vogtei durch den Amtsvogt Reinecke, der in Garlstorf am Walde (bei Winsen/Luhe) ansässig war, verwalten zu lassen. Die Regierung kam diesem Vorschlag nach und bestimmte mit einem Schreiben vom 2. September 1750, dass Reinecke

...außer bey vorkommenden außerordentlichen Fällen, sich jedesmahl den ersten und dritten Dingstag eines jeglichen Monaths behuefs Besorgung der vorfallenden Verrichtungen zu Bienenbüttel

einzufinden hatte. Während der übrigen Zeit hatte der Amtsschreiber die Geschäfte zu führen; diese Tätigkeit wurde bald auf die Untervögte in Niendorf und Steddorf übertragen.

Über die „Amtseinführung" des Vogts Reinecke hat sich ein Protokoll erhalten, (7) dem zu entnehmen ist, dass dazu sämtliche Bedienstete der Amtsvogtei Bienenbüttel erschienen waren.
Es heisst dort u.a.:

Actum *Bienenbüttel*
    den 11. Sept. 1750
    Als der heutige – sonst zur Abhaltung des VorGerichts angesetzte Tag unter andern auch daher angesetzet, um den AmtsVoigt Reinecke denen Unterthanen als Interims = Amts=Vogt vorzustellen....
Es waren erschienen:
der alte UnterV(oigt) Hans Christoff Burmester von Niendorf
der UnterV: Hans Michel Burmester von Stedorf
der UnterV: Jürgen Christian Hagelberg von Betzendorf
Hans Friedr. Estorf Zuentbieter zu Eppensen Hans Jürgen Sander Zuentbieter das.(elbst)
Hans Hinr. Lohstöter Zuentb.(ieter) *zu Natendorf Hans Claus Meyer das. Hinr. Werner Seedorf Zuentb. zu Gienau*
Hinrich Liche Zuentb. zu Hanstedt (I)
Carsten Cordes von Ahrendorf (Arendorf) *Zuentb.*

Bezüglich der in der Heidmark und um Wriedel wohnenden Bediensteten trat dann um 1789 eine Änderung ein. Sie wurden als *Amts Unterbediente* der Vogtei Amelinghausen zugewiesen. Es waren betroffen Hans Wilhelm Meyer und Jürgen Hinrich Hillmer, beide Briefträger in Natendorf, Hans Christoff Winckelmann, der Untervogt in Munster war, Hans Christoff Möhring, Zuentbieter und Briefträger in Arendorf, Jürgen Christoff Constantin und Hans Caspar Richter, beide Briefträger in Hanstedt I.

Amtsvogt Reinecke erhielt für seine besondere Tätigkeit in Bienenbüttel neben seinem sonstigen Gehalt eine zusätzliche Vergütung. Diese wurde für die Zeit vom 1. Mai 1752 bis 30. April 1756 mit *jährliche zwey Mltr. 5 Hbtn: 3 2/3 Mtz. Neu Brs. Maaße Stamm= oder Holtzungs=Haber* festgesetzt, also mit zwei Malter, fünf Himten und 3 2/3 Metzen Hafer nach der neu eingeführten Braunschweiger Maßeinheit, insgesamt 20,6 Himten mit rd. 255 kg Gewicht. Diese Leistung stand jedoch unter dem ausdrücklichen Vorbehalt, dass die *intendirte Verlegung der Vogtey Bienenbüttel nicht ehender völlig zu stande komt*, also vor dem 1. Mai 1756 eine Aufhebung dieser untergeordneten Verwaltungseinheit erfolgte.

Über welche jährlichen, festen Einkünfte der Bienenbütteler Amtsvogt verfügte, ist dem Geldregister des Amts Winsen/Luhe zu entnehmen. Neben den regelmäßigen Einkünften erhielt der Vogt auch von eingezogenen Gerichtsbrüchen eine Quote. Daher ist es verständlich, dass der Amtsvogt daran interessiert war, vorgefallene Straftaten zur Aburteilung zu bringen.

Nach einem Auszug vom 21. April 1742, der aber nach den Sätzen des Jahres 1725 aufgestellt war, standen dem Vogt Partz als normale Einkünfte zu:

	Rthlr.	Mgr.	Pfg.
An Besoldung ------------------	50	-	-
Für 1 SchlagtRind ------------------	6	-	-
„ 1 Feist Schwein -------------------	5	-	-
„ 1 Stoppel Schwein ------------------	2	18	-
„ 3 Fuder Heus à 1 ½ rthl. --------------	4	18	-

dessen *in natura*

2 mltr. 4 Hbtn. ½ Mtz. Rocken

| Neus. Brs. Maaße à Hbtn. zu 12 mgr. thut -- | 5 | 13 | 4 |

2 mltr. 4 Hbt. ½ Mtz. Rocken an

| statt Gersten ------------------- | 5 | 13 | 4 |

16 mltr. – Hbt. 3 Mtz. Haber

Neus. Brs. Maaße à Hbtn. 6 mgr. --------	16	4	4
2 Schaaffe à 30 mgr. ---------------	1	24	-
	96	19	4

Nach *pro Memoria*

12 Fahden Holtz à 1 ½ rthl. -------------- 18

Das mit 18 Taler angesetzte Brennholz erhielt der Amtsvogt hauptsächlich aus dem bei Eppensen gelegenen Lohn-Holz; Angaben, ob auch aus dem Süsing Brennholz bezogen wurde, sind nicht festzustellen. Somit betrug das Jahreseinkommen des Amtsvogts Partz rd. 115 Taler. Mit ihnen – und den Nebeneinkünften aus dem betriebenen Gasthaus und der seit 1682 eingerichteten Poststation - hatte er den Lebensunterhalt seiner Familie und des von ihm beschäftigten Gesindes zu bestreiten.

Um einen Vergleich zu erhalten, sollen einige Preise aufgezeigt werden. Diese beziehen sich zwar auf das Jahr 1719, (8) können jedoch zugrunde gelegt werden, da für Amtsvogt Partz die Entlohnungssätze von 1725 angesetzt waren und der Geldwert in den ersten Jahren des 18. Jahrhunderts relativ stabil blieb.
Ein Knecht verdiente bei freier Kost, Logis und evtl. gereichtem Deputatholz 14 Taler im Jahr. Eine Magd erhielt vom Bauern im Jahr sechs Taler, daneben durfte sie ein Stück Land mit Flachs bebauen, um Leinen für ihre Aussteuer zu erhalten. Für ein Pfund Butter waren zwei

gute Groschen (ggr.), für ein Pfund Hammelfleisch 1 ggr. zu zahlen. Eine Kuh wurde mit einem Preis bis zu neun Taler gehandelt.
Auf einen Reichstaler gingen vier gute Groschen oder 36 Mariengroschen.

Bereits im Jahre 1681 erhielt der Vogt Bolte die Geldbeträge, die später auch Partz bekam. An Naturalien wurden Bolte jedoch zugebilligt: je drei Sack Roggen und Gerste, jeweils mit sechs Taler berechnet, 18 Sack Hafer zu insgesamt 18 Taler Wert, drei Fuder Heu mit 4 ½ Taler sowie zwölf Faden Holz mit 18 Taler. Vogt Bolte verfügte demnach über ein Jahreseinkommen von 117 Talern 24 Mariengroschen. (9)

Der Bienenbütteler Amtsvogt hatte seinen Sitz in dem 1659 erneuerten Vogteigebäude, dem heutigen Gasthaus Moritz/Behrens. Der Vogteihof lag damit gegenüber der bereits 1288 bestehenden Kirche – eine Besonderheit, die auch für die Amtsvogtei Amelinghausen zutraf. Während dort der Vogteihof im Eigentum des Landesherrn stand, was auf den Grundbesitz der Billunger zurückzuführen ist, kann dies für Bienenbüttel nicht uneingeschränkt festgestellt werden. Das Kloster St. Michaelis in Lüneburg verwies stets darauf, dass der gesamte Ort Bienenbüttel in seinem Eigentum stand. Dass jedoch die Herzöge in Bienenbüttel Grundbesitz hatten, ergibt sich schon aus einer Urkunde vom 21. März 1417. (10) In ihr wird die Belehnung des *getruwen Kersten van binebutle* und seiner rechtmäßigen Erben mit einem *kampe vnde ackere van twen vnd twintich stucken belegen ouer dem Krumbeke* bestätigt. Bei diesem Kersten oder Christian dürfte es sich um den Vogt gehandelt haben.
Auffällig ist auch, dass bis zur Verkoppelung der Bienenbütteler Feldmark der Vogteihof über größere, zusammenhängende Flächen am und westlich des Krummbachs verfügte, während sich der sonstige Besitz in der damals üblichen Gemengelage über die restliche Feldmark erstreckte.

Aus diesem – wohl späteren - herzoglichen Besitz kann also nicht ohne Weiteres geschlossen werden, dass der Vogteihof stets im Eigentum des Landesherrn stand. (11) Im „Receß von Bienenbüttel" aus dem Jahre

1831 wird zwar der „herrschaftliche Vogteihof" angeführt, doch steht dies im Widerspruch zu älteren Urkunden und sonstigen Dokumenten, nach denen der gesamte Ort Bienenbüttel dem Kloster St. Michaelis in Lüneburg zu eigen war und auch der Vogt nach dort seine Abgaben zu liefern hatte.

Anmerkungen:

(1). - Urkundenbuch St. Michaelis (UB Mich.) Nr. 348

(2) - a.a.O., Nr. 962

(3) - UB Ebstorf Nr. 558, auch:
M. Krieg: Entstehung u. Entwicklung der Amtsbezirke im ehem. Fürstentum Lüneburg (Göttingen, 1922)

(4) Depositum v. Harling – Gemeindearchiv Bienenbüttel

(5) Stadtarchiv Lüneburg - Mich. I C 4 Nr. 4 (bis einschl. Breyer)

(6) - Johanne Sophie Partz geb. Dohm, geboren am 26. Juli 1716, hatte den Amtsvogt am 30. Nov. 1738 geheiratet, ging nach dessen Tod zu ihrem Sohn, der in Diepholz
als Amtsassessor und Amtmann tätig war, wo sie am 13.Mai 1780 starb –
Heimatblätter des Landkreises Diepholz als Beilage der Kreiszeitung Syke vom 13.07.1984

(7) - Nds. HStA – Hann. 74 Medingen Nr. 172

(8) - K. Kowalewski (Hrsg.): Die Wendland Chronik des Dorfschulzen Johann Parum Schultze – Lüchow, 1991 – S. 45 ff.

(9) - E.Rüther / Schulz-Egestorf: Das Lagerbuch des Amtes Winsen von 1681 (Selbstverlag - o.J., nach 1933)

(10) - UB Michaelis Nr. 962. Nach einer undatierten Handschrift des 18. Jahrhunderts im
Depositum v. Harling (vgl. 4) soll es sich hierbei um einen Müller gehandelt haben.

(11) - Frhr. v. Hammerstein: Der Bardengau (Hannover, 1869) - S. 293

110

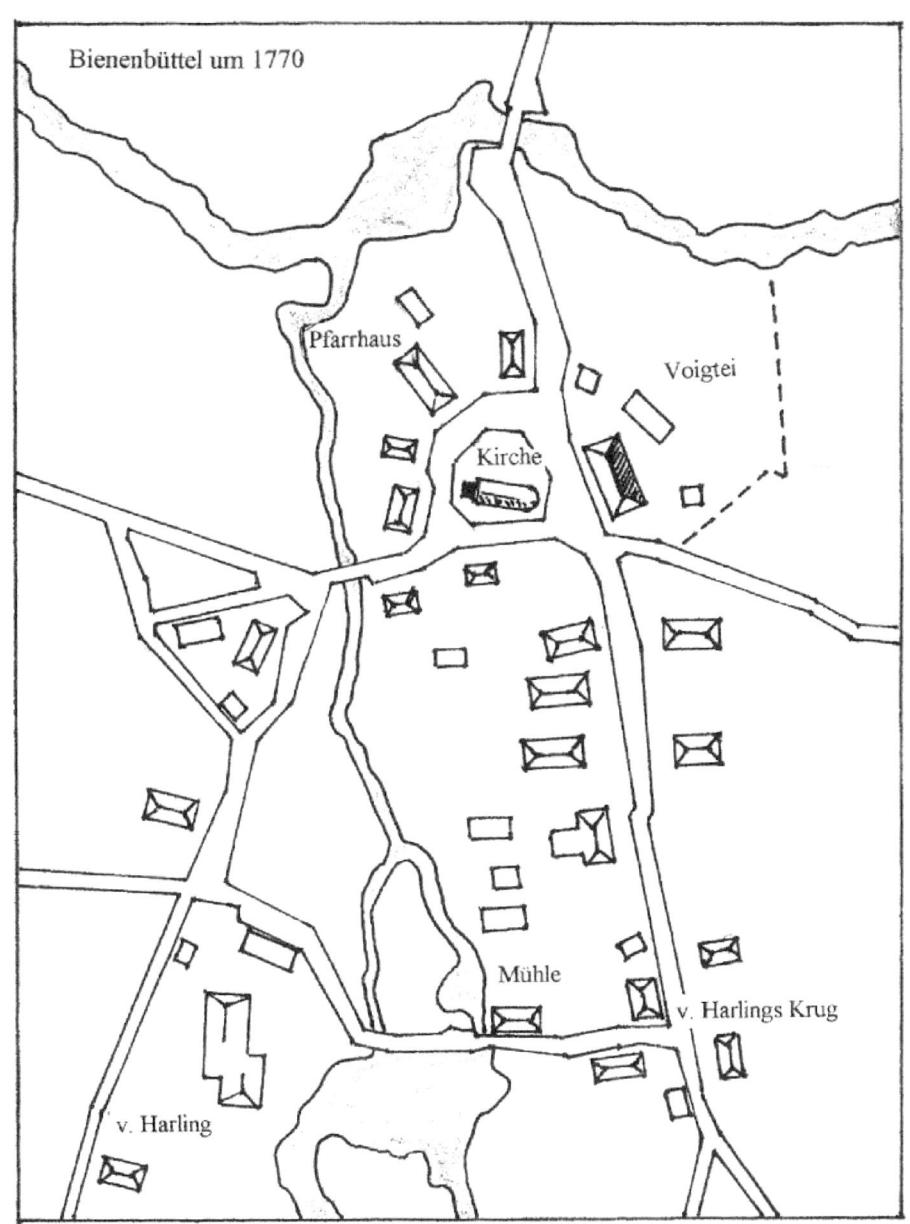

Bienenbüttel um 1770

Pfarrhaus

Voigtei

Kirche

Mühle

v. Harlings Krug

v. Harling

Der Plan der Dorflage wurde erstellt unter Verwendung von

a) Adolf Bätge: Bienenbüttel um 1680   in Koptik: Gemeindechronik
b) Karte HStA Hannover: 32 Bienenbüttel   in E. Behnke: Brandkatastrophe in Bienenbüttel – HW 1996, 141
c) Kurhann. Landesaufnahme von 1776

Die Untervögte der Amtsvogtei

Die große räumliche Ausbreitung der Amtsvogtei Bienenbüttel bedingte, dass der Vogt nicht alle Aufgaben jeweils vor Ort wahrnehmen konnte. So wurden ihm bald Untervögte zur Seite gestellt. Für die Vogtei Bienenbüttel ist festzustellen, dass es über Jahrzehnte ständig Untervögte in Steddorf und Niendorf wie auch in Barnstedt gab, während sonst solche Bedienstete offenbar nach Bedarf bestellt wurden.

Hierzu ist ein Fall für das Jahre 1780 dokumentiert, (1) als im kleinen Ort Gienau, der zum Kirchspiel Dahlenburg zählte, der 79jährige Untervogt Heinrich Werner Seedorf verstarb. Amtsvogt Hundertpfund teilte am 29. April dem Amt Winsen mit, dass dessen Sohn Jürgen Heinrich Seedorf bereit sei, als Untervogt tätig zu werden. Dazu führte Hundertpfund weiter aus:

Diese Untervogtschafft bestehet in folgenden Dörffern und Einwohnern

Buendorff - - - - - - - - - - *4 Unterthanen*
Riecklingen - - - - - - - - - - *1 - „ −*
Siecke - - - - - - - - - - *1 - „ −*
Thondorff - - - - - - - - - - *8 - „ −*
Und der baare Geld = Gehalt besteht in
     5 Rthlr.   *die er für die Contributions = Freyheit aus*
                           dem Register empfängt
     2 - „ -   *Dienst Geld*
     - - „ - 13 mgr. 4 Pfg. Burgfestengeld und
     - - „ - 3 -„- 6 „ fürs Rauchhuhn
     7 Rthlr. 17 mgr. 2 Pfg.
Dabey ist er von Einquartirung, KriegerReise und Landfolge frey....
Jürgen Seedorf trat dann am 12. Juni 1780 das Amt an, das er auch noch 1795 innehatte.

Auch scheint es vorgekommen zu sein, dass Untervögte nur für bestimmte Aufgaben bestellt wurden. So ist für das Jahr 1668 ein *Untervoigdt zur Bienenbüttel Jasper Meyer zu Bruchdorf wohnhafft* bekannt, der sich offenbar um Vorfälle zu kümmern hatte, die sich mit der Fischerei in der Ilmenau und sonstigen Vorkommnissen auf diesem Fluss ereigneten. (2)

In Steddorf sind diese Untervögte nachweisbar:
1628 - Hans Hardekopf (3)
1705/06 - Jürgen Meyer
Auffällig ist, dass es in Steddorf zeitweise zwei Untervögte gab, denn es ist für
1705 - Henrich Burmeister neben Jürgen Meyer als Untervogt bekannt (4)
1711 – 1731 - Hans Hüsing (auch Hüsen), der das Amt wegen Erblindung
aufgeben musste
1754 - 1758 - Hans Michael Burmeister; dieser starb am 8. Januar 1758
1758 – 1773 - Peter Heinrich Burmeister (Burmester)
1773 – 1788 - Heinrich Michael Stegen, der jedoch in Bienenbüttel wohnte
1789 – 1795 - Franz Sander, ebenfalls in Bienenbüttel wohnhaft.

Bemerkenswert ist, dass einige der Untervögte ihr Amt über lange Zeit ausgeübt haben, obgleich es nicht gut besoldet war.
In einem Bericht vom 13. Mai 1773 listet das Amt Winsen/Luhe die Einkünfte des am 23. April 1773 verstorbenen Peter Burmester, Untervogt in Steddorf, so auf:

... Es hat derselbe aus dem GeldRegister zu genießen gehabt

An Lohn	*9 Rthlr.*
wegen der Contributions Freiheit	*1 - „ –*
ordinair DienstG(eld)	*2 - „ –*
BurgfestenGeld	*- „ - 13 mgr. 4 Pfg.*
	12 „ 13 mgr. 4 Pfg.

Diese Entlohnung, die nicht einmal den Jahresverdienst eines Knechtes erreichte, langte wahrlich nicht aus, den Lebensunterhalt zu sichern. Das Amt eines Untervogts wird daher als Nebentätigkeit ausgeübt worden sein.

Es ist auch eine Eingabe des in Steddorf tätig gewesenen Untervogts Hüsing (Hüsen) vorhanden, der wohl wenig bemittelt war und daher am 23. Januar 1738 bei der Kurfürstlichen Kammer, also der Regierung, in Hannover um eine Pension nachsuchte. (1) In dem Gesuch heißt es:

Hoch- und Hochwohlgebohrner
Gnädige und Hochgebietende Herren
    Ew. Excell: *und Hochwohlgrbn. geruhen sich in Unerthänigkeit hiedurch vortragen zu lassen, wasgestalten ich in die 20 Jahr dem Amte Winsen als Untervoigt gedienet, vor ohngefehr 7 Jahr aber von dem Lieben Gotte mit diesem schweren Creutze heimgesuchet worden, daß mein Gesichte gantz verlohren, und das Tages Licht nicht sehen kan, weshalben denn ein anderer an meiner stelle angenommen worden.*
    Wann ich nun hiedurch in einen recht erbarmungswürdigen Zustand in meinem hohen Alter bin gesetzet worden und mich nicht zu rathen noch zu helffen weiß, und nicht sehe wo ich meine Nothdürfftige unterhaltung hernehmen werde.
    Als flehe Ew. Excell. und Hochwohl=Grbg. mittelst dieser Wehmütigst an, dieselben wollen hochgeneiget geruhen, meinen m i s e r a b l e n Zustandt zu behertzigen und mich Armen blinden Manne einer Gnaden besoldung Jährl. zu fließen lassen, der große Gott, welcher verheißen, einen Trunck waßers nicht unvergolten zu lassen, wolle auch diese mir erzeigende hohe Wohlthat nicht unbelohnet laßen, welche ich auch darum innständigst anruffen will, in der gewißen Zuversicht einer geneigten erhörung ersterbe mit allem ersinnl. respect.
                        Ew. Excellences *und Hochwohlgrbl.*
                        Demüthigster Knecht
                        Hans Hüen
                        Untervoigt zu Steddorf ...
Es gibt keine Hinweise, dass die Regierung auf diese Eingabe etwas veranlasst hätte.

Der in Barnstedt tätigte Untervogt Wilhelm Sanning erhielt Anfang 1795 an Lohn 5 Reichstaler, für die „Contributions=Freyheit" und Dienstgeld je zwei Reichstaler, an Burgvestengeld 13 Groschen vier Pfennige sowie für die Tätigkeit als Zuentbieter noch gesondert 1 Taler 13 Groschen vier

Pfennige, sodass sich sein Jahresgehalt auf 10 Taler 27 Groschen belief –
von dem eine Familie gewiss nicht leben konnte. (5)
Sanning, der aus Mariendrebber (Neustadt/Rbge.) stammte, wurde 1786
zum Untervogt in Barnstedt bestellt.

Dabei ist interessant zu sehen, wie auch früher sich die staatliche Ver-
waltung bemühte, Pensionen einzusparen. Im November 1782 war in
Barnstedt der bisherige Untervogt Nicolaus Friedrich Kruse gestorben.
Bereits im Januar 1783 beauftragte die Regierung in Hannover das Amt
Winsen/Luhe (1):
...*Nach Ablauf solchen Trauer=Jahres wovon sodann das Datum
anzuzeigen ist, erwarten Wir Bericht, ob sich, verhofter maßen, ein solcher
Freyer gedachter Witwe angefunden habe dem mann füglich obgedachten
Untervoigts=Dienste wieder anvertrauen könne*...
Dies konnte erst erfolgen, nachdem Wilhelm Sanning die „gedachte" Witwe
geheiratet hatte.

Es war für die staatliche Verwaltung oft nicht leicht, bei dem Ausscheiden
eines Untervogts umgehend einen Nachfolger zu finden. So lag der Fall
auch bei dem Untervogt Peter Burmester in Steddorf. Dazu teilt das
Winsener Amt der Regierung in Hannover unter dem 15. Juni 1773 mit: (1)
... *dass der Untervogts Dienst zu Steddorff in der Vogtei Bienenbüttel zu
dem Herrschaftlichen Halbhofe des jungst verstorbenen Peter Hinrich
Burmester keineswegs in der Maaße erblich gehöre, dass Königliche
Cammer genötiget sei, den Dienst mit dem Wirth des Hofes zu besetzen. Die
mehreste dieser Art Bedienungen sind von der Beschaffenheit, dass keiner
bei vieler beschwerlicher Arbeit weiten und öfteren Wegen davon das Brod
haben kann, und man ist daher sehr zufrieden, wenn sich ein angesessener
zuverlässiger Hausman findet, welcher den Dienst übernimmt.*

*Einige Freiheiten und kleine Vortheile machen diejenige, deren Väter
oder VorEltern dergleichen Dienste von lengerer Zeit verwaltet haben,
geneigt selbige beizubehalten, und man hat nicht Ursache, diese Neigung zu
unterdrücken, weil es sonst nicht möglich sein würde, die mehresten von
solchen kleinen Bedienungen mit zuverlässigen Leuten zu besetzen* ...

Für das Amt des Untervogts interessierte sich offenbar ein *Invalide* Corporal *Schrader*, der nach einer Anweisung der Regierung in „Eid und Pflicht" genommen werden sollte. Als Jahresgehalt für ihn waren die üblichen neun Taler vorgesehen.

Der mit der Verwaltung der Amtsvogtei Bienenbüttel beauftragte Amelinghäuser Vogt lud Schrader auf den 28. August vor, musste dann aber dem Amt in Winsen am 27. August 1773 melden:

Mein gehorsamer Bericht vom 25t dieses, wird ergeben haben, dass dem Invaliden Schrader der nur Gemeiner und nicht Corporal gewesen, und in Findorffs Mühle wohnet, befohlen, sich morgen vor Königl: Amt zu stellen, um als UnterVoigt zu Steddorff in Aid und Pflicht genommen zu werden, auch zugleich 1 Rthlr. Cammer Fiscii Gebühren zu erlegen...

Heüte abend kömt derselbe und zeiget an, dass er den Dienst ohnmöchlich annehmen könne, hätte auch vielmahlens darum angehalten, weilend AmtsVoigt D r e e r hätte ihn solchen zwar angebotten, er hätte aber gleich die Ohnmöchlichkeit vorgestellet, maßen er HolzVoigt über den EichenBerge Amts Meding, und dazu FeldPfänder in einigen Dörffern, worüber das Amt Meding die Feld Gerichte habe, währe.

Diesem nach könne er auch den Thaler Fiscii Gebühren nicht bezahlen. Ich melde obiges gehorsamst, und vernehme: Ob ich mir nach ein anderes Subject erkundigen sole.
> *Beharret in vollkommensten Respect*
> *Eure Wohl und Hochwohlgebohren*
> *gehorsamster Diener*
> *J. LeMarchand*

Amelinghausen
den 27.t August 1773

Das Amt beauftragte den Vogt Le Marchand umgehend mit der Suche nach Ersatz. Ende September 1773 konnte der Amtsvogt dann vortragen:

... Eure Wohl und Hoch Edelgebohrne
gebe mir die Ehre vor dem verstorbenen UnterVogt Peter Buermester zu Steddorff AmtsVogtei Bienenbüttel, einen Nahmens Heinrich Michael Stegen aus Eitzen gebürtig, welcher verschiedene Jahre als ViechKnecht bei dem Herren Major v. Harling gedienet, in Vorschlag zu bringen. Er hat gute

Atteste von seiner jetzigen Herrschaft, und will den Dienst gegen 9 Rthlr. jährliches Gehalt übernehmen.

Da im Dorffe Bienenbüttel gar kein AmtsUnterbediener auch nicht mahl ein Zuentbieter wohnet, so habe mit obigen dahin verabredet, dass er in BeliebungsFalle in Bienenbüttel, seine Wohnung aufschlagen solle, welches er auch versprochen....

Das Amt Winsen, bei dem dieser Bericht erst am 24. September eintraf, bat unter dem 4. Oktober 1773 die Regierung in Hannover unter Darlegung der Umstände,

... Ew. wollen also gnädigst genehmigen, dass letzterwehnter Stegen zum UnterVoigte für den bisherigen Gehalt angenommen, und bewilliget werde.

Diesem Ansinnen wurde umgehend stattgegeben, sodass Stegen als Untervogt angestellt werden konnte.

Darüber hat sich dieses Protokoll erhalten:

Gegenwärtig:

Amtmann Meyer	*Actum Winsen an der Luhe*
AS. Leist AV.Mejer	*den 30. Oct: 1773*
und AAud. Sarnighausen	

Zu Folge Rescripti Königl. und Chur = Fürstl. Camer vom 21 ten d.M. wurde der statt des verstorbenen UnterVoigts Burmester zu Steddorf vorgeschlagene Hinrich Michael Stegen aus Bienenbüttel auf heute vorgeladen, und demselben der Inhalt Königl. Camer Rescripts eröfnet, auch praemissio homagio mit dem gewöhnlichen UnterVoigts Eide, wovon demselben Copey zur Nachachtung ertheilt werden soll, belegt, zu seiner Pflicht angewiesen und demselben bedeutet, dass er die bey diesen Dienste vermachte Besoldung von jährl. 9 Rthl. - - vom 1. Nov. d.J. an zu genießen habe.

Ut supra   in fidem

Die von der Regierung ausgeworfene Besoldung der Untervögte war nahezu kärglich. Daher hatte sich die Lüneburgische Landschaft als Vereinigung der in diesem Gremium vertretenen Gutsbesitzer bereit gefunden, die „UnterVoigts Dienste" mit monatlich zwölf Mariengroschen zu bezuschussen. Damit standen Stegen an Jahreseinkünften 13 Reichstaler zu – was er jedoch erst nach einigen Jahren feststellte.

Dies kann einem Schreiben des Interims – Amtsvogts Hundertpfund vom 9. Juni 1778 entnommen werden. Dem Amt Winsen wurde darin mitgeteilt:

Dem Untervoigts Dienste den anitzo Michael Stegen alhier zu Bienenbüttel vorstehet, werden von der löblichen Lüneburgischen Land-schafft monathlich 12 mgr. Gehalt ausgeworffen.

Der verstorbene Untervoigt Peter Hinrich Burmester zu Stedorf hat solche von der Dorffschaft Stedorf, die diese bey Bezahlung der Contribution *wieder gekürtzet – der* contributions *=* Einnehmer *als baar Geld angesehen und in der Dorfschafft Stedorf ihrem Quitungs = Buche notiret hat.*

Diesen Gehalt hat die Wittwe des verstorbenen Untervoigt Burmester, itzo vereheligte Peter Hinrich Brunhöfer, noch bis diese Stunde erhoben und der Untervoigt Stegen erst diese Zeit, von diesem Gehalte, und dass solchen bisher noch seines Vorwesers Erben genoßen haben, in Erfahrung gebracht und angezeiget. Und wird dieses auch von den Erben nicht geleugnet.

Nahmens des Untervoigts Stegen habe ich demnach Euer Wohl = und HochEdelgebohrener gantz gehorsamst bitten sollen, zu verfügen, dass ihm nicht nur die Erben dieses Antecessoris *wegen dieses seit 4. Jahren unrechtmäßig genossenen Gehalts Vergütung thun müssten, sondern solcher auch in der Folge ihm bey der Dorfschafft Bienenbüttel assigniret werden möge....*

Beide vom Untervogt Stegen vorgetragenen Ansprüche wurden erfüllt, da das Amt Winsen am 15. Juni bestimmte,

... dass die Erben Peter Hinrich Burmester die seit 4 Jahren gehobenen Gehalt wieder herausgeben, und die Dorffschafft Bienenbüttel für den jetzigen UnterVoigt Monatlich 12 mgr. an ihrem Contributions Quanto *kürtzen soll.*

Heinrich Michael Stegen starb am 22. Dezember 1788 im Alter von 63 Jahren. Neben seiner Witwe hinterließ er einen achtjährigen Sohn. Für Stegen einen Nachfolger zu finden, stieß auf erhebliche Schwierigkeiten.

Der Bardowicker Amtsvogt Lunde, der zu dieser Zeit die Vogtei Bienenbüttel verwaltete, berichtete in einem Schreiben an das Amt ganz offen:

Ob sich bis ietzt noch kein anderer Subject zu obigen Dienst, als des verstorbenen Untervogts Stegen Witwe Schwäger Sohn Franz Sander gemeldet habe und ob ich mich getrau, mit Sander fertig zu werden ... befiehlt Königl. Churfürstliches Amts Rescript ... anzuzeigen.

Eigentlich hat sich kein anderer gemeldet als Sander.

Ein Häusling auf dem adelichen Hofe zu Bienenbüttel, Namens Siegeler, bezeuget auch Belieben dazu zu haben. Er scheint aber ein Windbeutel zu seyn, mag auch dann und wann, nach Bienenbütteler Weise, die Kneipe frequenti*ren, kann auch nicht schreiben und das Geschriebene nicht lesen.*

Der Küster in Natendorf hat auch einen in Diensten stehenden Mousquetir recommendi*ret, weiter weiß ich derselbigen nichts anzuführen.*

Wenn er nicht besser einschlagen sollte, als der Untervogt Burm., so mag ich nicht mahl, was mehrens davon erwehnen, wie also lieber mit einen dummen Bauern, den man zurecht stoßen kann, zu thun haben, als mit rai*soneurs und politischen CammerChristen.*

So ganz dumm, scheint mich Sander nicht zu seyn, da er in seinen Landsoldaten Jahren etwas zugestutzt, und die ihm damals aufgetragene exemtions *mit guten Erfolg ausgerichtet, auch den Krug bisher nicht geliebet haben soll.*

Lunde führt in seinem Schreiben vom 6. Februar 1789 noch aus, dass bei einer Bestellung Sanders dieser erst eine Probezeit ableisten und seine Wohnung in Bienenbüttel nehmen sollte; der Häusling Johann Franz Sander wohnte in Hohenbostel.

Das Amt konnte sich offenbar nicht sogleich entschließen, da der Amtsvogt Lunde am 12. Juni 1789 noch ergänzend berichtete:

... Eines Höfeners Sohn in Grünhagen Namens Johann Peter Schroeder, 30. Jahr alt, 5. Jahre im Cavallerie *Regiment itzo von Scheither, und zwar bey Ritmeisters Gruber Compagnie gedienet wegen Schadens am Finger in der rechten Hand vor 3. Jahr* dimini*ret ist, wünscht Untervogt zu Bienenbüttel zu werden. ...* Weitere Angaben konnte der Amtsvogt nicht machen, da sich Schroeder nach seiner Entlassung aus der hannoverschen Armee bei Stade aufgehalten hatte.

120

Das Amt entschied letztlich, zum Untervogt in Steddorf den Johann Franz Sander zu bestellen; dies auch mit Rücksicht auf die Witwe des bisherigen Untervogts und deren 8jährigen Sohnes.
Sander zog nach seiner Ernennung nach Bienenbüttel und blieb bis 1795 im Amt.

Solche Schwierigkeiten wie für Steddorf aufgezeigt, traten bei der Besetzung der Stelle für den in Niendorf ansässigen Untervogt nicht auf. Das Amt lag hier über Generationen auf einer Hofstelle.

Es lassen sich in Niendorf diese Untervögte nachweisen:
1681 - Heinrich Burmester
vor 1750 – Okt. 1756 - Hans Christoph Burmester
Febr. 1757 – Jan. 1791 - Heinrich Christoph Meyer
1791 – 1795 - Johann (Jürgen) Heinrich Burmester, ein Enkel seines Vorgängers.

Heinrich Christoph Meyer, der am 13. Januar 1791 im Alter von 84 Jahren starb, hatte – so die Feststellungen durch Amtsvogt Lunde (1) - für die Tätigkeit als Untervogt erhalten:
Aus dem Königl: Cammer Register:
an baaren Gelde _____ *4 rth.*
Wegen der ContributionsFreiheit _____ *2 rth.*
ordinair Dienstgeld _____ *2 rth.*
Burgfestgeld _____ *13 mgr. 4 Pfg.*
in allen *8 rth. 13 mgr. 4 Pfg.*
Dazu die Freiheit von der Einquartirung, an acciidensien sehr selten und wenig, so nicht in anschlag zu bringen.

Die Geldbeträge standen bereits Meyers Vorgänger zu, der nach einer Auflistung aus dem Jahre 1756 dazu noch an „Accidentzen", also sonstige Einnahmen, als Vorteil hatte:
Wenn Dienstwagens zu bestellen sind, die etwa von Ebstorff nach der Göhrde, oder von da nach Rebbelah (Rebberlah bei Eschede) *oder sonst*

beym Zehnten oder Wege = Besserungen fahren müßen, hat der Untervogt einen Wagen für sich frey.

Nach der Aufhebung der Amtsvogtei Bienenbüttel stellte Amtmann Koch in Medingen fest, dass bei der Bezahlung der Untervögte Differenzen aufgetreten waren. Offenbar hatte der Steddorfer Untervogt Sander, der weiterhin das Amt eines Untervogts ausübte, nur einen Teil seiner *halbjährige besoldung mit 4 rtl. 6 mgr. 6 Pfg.* bereits vom Amt Winsen erhalten. Daher wandte sich Koch unter dem 4. April 1795 an das Amt Winsen (5), um zu erfahren, ob diese Behörde auch die noch ausstehende Besoldung abwickeln würde.

Völlig anders ging der Medinger Amtmann bei dem Niendorfer Untervogt vor:
Was den UnterVoigt Burmester in Niendorff Anbetrift, so kann das hiesige Register dessen besoldungsAusgabe nicht übernehmen, weil solches Dorf an hiesiges Amt nicht abgetreten worden.
Niendorf gelangte ja an das Amt Lüne.

Anmerkungen:

(1) - Nds. HStA, Hann. 74 Medingen Nr. 177

(2) - a.a.O., Hann. 74 Medingen Nr. 344

(3) - bei H. Meyerholz: Verzeichnis der Höfe der Vogtei Bienenbüttel von 1628, soweit sie im späteren Kreise Uelzen liegen – HW 1978 S.35- gibt an: Hans Harm Kock; hierfür spricht, dass es noch einen wüsten Vollhof des Christoff Kock gab

(4) - StadtA Lüneburg, Mich. I C 4 Nr. 10 Vol. IV

(5) - Nds.HStA., Hann. 74 Winsen/L. Nr. 251

Erläuterungen

In alphabetischer Reihenfolge sollen einige Begriffe erläutert werden, die in vorhergehenden Abschnitten erwähnt worden sind; weiter werden einige Angaben über Gewichte, Maße und die Münzrelation hier angeführt.

A

Abdey, Abtdey   - hier: Abtei des Klosters St. Michaelis
Abgift(e)   - Abgabe
Ablösung   - Aufhebung, Erlass; hier: Beichte
abschließen   - lösen, entfernen
Accidentzen   - Nebeneinnahmen
actum   - geschehen, verhandelt
advocatia, Advokatie   - zunächst Gerichtsbarkeit, später Vogtei
After – Colon   - s.v.w. Abbauer
Akzise, auch Licent   - Aufgeld, Erlaubnisgebühr
Amtsauditor   - Gehilfe des Amtmanns, besonders in Rechtsangelegenheiten
Amtmann   - Verwalter des herzogl. bzw. Kammerguts, zugleich Richter für den entsprechenden Bezirk
angreifen   - festnehmen, erfassen
anitzo   - bis jetzt
Anschlag (in A. bringen)   - ansetzen, auflisten
anzumuthen   - zumuten
antecessor(is)   - Amtsvorgänger
assigniren   - an-, zuweisen
Attest   - hier: Zeugnis
…Auge aus dem Kopf geworfen   - Auge ausgeschlagen
Ausschuß   - Landmiliz

B

Befindung	-	Aufklärung, Aburteilung
behuef	-	bezüglich, zwecks
Beliebungsfall	-	bei Eintritt des Ereignisses
Bottmeßigkeit	-	Botmäßigkeit; Unterwürfigkeit
… beßer außgeführet	-	abschließend erledigt
… das Brod haben …	-	sich ernähren können
Brinksitzer, Brinkhof	-	Besitzer einer Hofstelle, die auf dem Gemeinschaftseigentums eines Dorfes (Allmende) errichtet wurde; später auch Anbauer genannt.

C

Cammer-Fiscii-Gebühr	-	an die Regierung abzuführende Gebühr
canonem	-	lt. Vortrag
carcere	-	Gefängnis, Karzer
Caspel	-	Kirchspiel
cataster/catastro	-	Verzeichnis, Register
citiren	-	vorladen, bestellen
Communion	-	Gemeinschaft
Comparent	-	s.v.w Genosse, Mithandelnder
compeiren	-	gemeinsam handeln
condemniren	-	verurteilen, verdammen
confideration	-	
confirmiren	-	bestätigen
conspectus	-	
Copiam protocolli	-	Protokollabschrift
Corporal	-	s.v.w. Unteroffizier
Coßate, Kossater	-	Kötner
Criminal jurisdiction	-	Strafgerichtsbarkeit

124

D

dasig	- dort
de dato	- vom.., mit Datum vom
delinquiren	- Un-/Straftat begehen
delinquent	- Täter, Verbrecher
deminiren	- verringern, wegnehmen, beeinträchtigen
depon.(ent)	- Zeuge, Aussager
districtus	- Bezirk, Gebiet
Dreschdehl	- Tenne, Dreschplatz
durch Darm gestoßen	- in den Unterleib gestoßen

E

ebenmeßig	- gleichmäßig
edher	- oder
ehender	- früher
eingebracht	- entschieden, geurteilt
endtsbemeleten	- zum Schluss genannte Person
erinnern	- einwenden, beschweren
Excellenz (c)	- Titel, s.v.w. Herrlichkeit
Excess	- grenzenloses Handeln
execution	- (Zwangs-) Vollstreckung
exemtion	- Befreiung (von Abgaben, Lasten)
Exse	- Axt

F

feist	- gemästet, fett
Feldgericht	- erfasste Vorfälle, die sich in der Feldmark (Gemarkung) eines Ortes ereigneten
Feldpfänder	- s.v.w. Feldhüter; war zuständig für in der Feldmark vorgekommene Vorfälle und der späteren Vollstreckung
frequentiren	- oft, regelmäßig aufsuchen

G

Gefälle	- Einnahmen bzw. Abgaben
genesen	- bessern, hier: gebären
gepürr, über die	- über Gebühr, Maßen
Gemeiner	- einfacher Soldat
Gerechtigkeiten/ Gerechtsame	- zustehende Ansprüche / Leistungen
… Gesicht verlieren	- erblinden; Sehvermögen verlieren
gespürrlich	- gebührend
… bei Grase … bei Stroh dienen	- bei der Heu- und Getreideernte arbeiten
Gravamina	- Beschwerde
- apellationis	- Berufung (bei Gericht)

H

Halß und Handt	- Todes- und Körperstrafe (s. Leib und Leben)
hart reden	- kräftig einreden; beleidigen
Hausmann	- Eigentümer; Besitzer
Haußpfändung	- Zwangsvollstreckung in einem Gebäude
Hoheits-Grenze	- Verwaltungsbereich eines Amtes
Holtzung, Hölzung	- Forst, Wald
Hut und Weide	- Waldweide, Mast

I

incorpriren	- einnehmen, einverleiben
incumbiren	- sich befleißigen, fördern
in fidem	- beglaubigt
Inquisition	- Untersuchung
inskünfftig	- zukünftig
intendiren	- steigern, vermehren; hier: beabsichtigen
Interims-Amtsvogt	- vorübergehend bestellter Amtsvogt

126

item   - sofern
itzig   - jetzig, aktuell
itzo, anitzo   - jetzt

J

Jagdfolge /
  Jagdlager   - Teil der Jagdfronen wie Treiberdienst, Wildbret-
                          fuhren; Fütterung der Jagdhunde und auch Be-
                          wirtung der Jäger bei durchgeführten Jagden
Judikatur   - s.v.w Rechtsprechung
… jura allewegen exerciret - … Rechtsprechung stets ausgeübt
Jurat   - Kirchengeschworener
Jurisdiction in civilibus (jus civile) - Zivilgerichtsbarkeit
Jurisdictio particularis - auf Teilbereiche beschränkte Gerichtsbarkeit
Jurisdiction omnimodam,
auch: jurisdictionem universalem - gesamte, alle Sparten umfassende
                          Gerichtsbarkeit
Jus patronatis   - Patronatsrecht; Ausübung der Rechtspflege durch
                          den Gutsherrn

K

Kriegerfuhren   - Fahrten der pflichtigen Bauern für das Militär
Konsistorium   - kirchliche Zentralverwaltung
Kontribution   - Geldabgabe der Einwohner auf dem Lande
                          zur Unterhaltung des Militärs

L

Landfolge   - von der Regierung angeordnete, von mehreren
                          Ämtern durchzuführende Dienste

Länderey	- Ackerflächen
Landsoldaten Rolle	- Verzeichnis derjenigen Männer, die nach Ableis- tung der Wehrpflicht in der Reserve standen
… Leib und Leben	- Körper- und Todesstrafe
Licent	- in den Städten erhobene Abgabe für das Militär

M

Memorandum	- Denkschrift
Molestie	- Behelligung, Belästigung
Mousquetir	- Musketier; Bezeichnung für einen Soldaten

N

Naturaldienste (in natura)	- tatsächlich zu leistende Dienste
Nexum	- Verbindung, Verpflichtung
Niedergerichtsbarkeit	- Rechtspflege für Bagatellsachen
Notarium	- Urkundsperson, Notar

O

observanzmäßig	- herkömmlich
…Ohnmacht bekommen	- bewusstlos, ohnmächtig werden
ohnmöchlich	- unmöglich
ohnstreitig	- zugestanden, unbestritten
ohnundgeldt	- unentgeltlich
omne jus et Judicium omne in bonis, curiis casis ctg. Villis	- alles Recht und alle Gerichtsbarkeit in Gütern, Höfen, Häusern etc. des Ortes
ordinair	- gewöhnlich

P

Partes	- Teile, hier: Parteien
Pertinenzen	- Nebeneinkünfte
permutiren	- verändern, wechseln
pfänden	- Gegenstände beschlagnahmen
possession	- Besitz
praemissio	- Voraussetzung
Prästandorum	- s.v.w. Leistung, Lieferung
pro accidente	- jeweilige Nebeneinnahme
pro ratione delicte	- für einzelne (bestimmte) Vergehen

Q

quaestion(is)	- Befragung, Untersuchung

R

Raisonneur	- Klugschwätzer
ratione	- Berechnung, Verzeichnis
Rauhafer, Rauchhafer	- Abgabe von einem Hof mit Feuerstelle
Rauchhuhn	- Abgabe für eine Feuerstelle (Herdsteuer)
Receß	- Vertrag, Vergleich
recommendiren	- zurücksenden, -weisen
recufiren	-
relaviren	- anführen, vortragen
remedium provisionale	- vorläufiger Einwand / Rechtsmittel
requiriren	- einziehen, beschlagnahmen
requisita	- Bitte um Unterstützung
Rescript	- Nachschrift, hier: Mitteilung, Aufforderung
reserviren, sich	- sich vorbehalten
respective	- bzw.
responiren	- ant-/beantworten
resortiren	- in einem bestimmten Bereich handeln

restituiren	- zurückgeben, wieder herstellen
Rezeptur	- staatliche Annahmestelle

S

sandicht	- sandig, unfruchtbar
schelten	- beleidigen
SchlagtRind	- schlachtreifes Rind
Schnede	- Gemarkungs-, Feldmarkgrenze
Schuldt-Forderung	- Geldforderung
secula, seculum	- Jahrhundert/e
Seren.mo M.mo	- seine Durchlaucht der Landesfürst
Servis	- Dienst
speciae, in specie	- besonders, speziell
Stoppel Schwein	- Schwein, das zur Fütterung auf den abgeernteten Stoppelacker getrieben wurde und noch nicht schlachtreif war
stuprator	- Vergewaltiger
subject	- hier: Person

T

Tafelgut	- Vermögensgegenstände, die für den direkten Unterhalt einer Person oder Vereinigung dienen
Testes	- Zeugen
tractiren	- angreifen, schlagen

U

… unschädliche Oerter	- für den Ackerbau unfruchtbare Stelle
ut antecedens	- wie dem Vorgänger
ut supra	- wie oben

V

Veest	- Untergliederung eines Gos, auch Amts
Vergleich aufrichten	- Übereinkommen treffen
Vergütung tun	- Ersatz leisten
Vier-Pfähle	- Hofbereich
Vorgericht	- fand vor dem eigentlichen Landgericht statt; hier wurden die die Allgemeinheit betreffenden Anordnungen bekannt gegeben und erörtert
vorseiend	- bevorstehend, beabsichtigt
Vorweser	- Vorgänger
vulgär, vulgariter	- allgemein, gewöhnlich

W

weiland, weilend	- früher
Wirt	- s.v.w. Hofbesitzer
gute wißenschafft	- s.v.w aus eigener Kenntnis

Die aufgeführten Geldabgaben sind nach folgenden Münzrelationen zu beachten:

Um 1450 wurde 1 Mark in 12 Schillinge (sh) und 144 Pfennige unterteilt; bei „lübisch", also verwandter Lübecker Währung kamen auf 1 Mark 16 sh. mit insgesamt 192 Pfg.

In der Zeit von 1550 – 1600 gingen auf 1 Taler 36 Mariengroschen (mgr) oder im Lüneburgischen 32 Schillinge.

Um 1795 kamen auf 1 Reichstaler 36 mgr. bzw. 24 Gute Groschen (ggr) oder 288 Pfennige.

Getreide wurde regelmäßig nach Himten (Himbten) – einem Hohlmaß - gemessen.
Auf 1 Himten gingen 4 Metzen, auch Spint.
Auf 1 Wichhimten gingen normal 12 Himten Getreide.
1 Malter umfasste 6 – 12 Himten, je nach Region und Zeitalter.

Bei den Getreidesorten wurden allgemein zwei Himten als Einsaat für einen hannoverschen Morgen (2.608 m²) gerechnet.

Eine (hann.) Ruthe zu 16 Fuß betrug 4,66 m (vor 1836).